DIREITO DAS STARTUPS

*conceitos fundamentais
e aspectos jurídicos*

Andreza Cristina Baggio

Rua Clara Vendramin, 58 . Mossunguê . Cep 81200-170 . Curitiba . PR . Brasil
Fone: (41) 2106-4170 . www.intersaberes.com . editora@intersaberes.com

Conselho editorial Dr. Alexandre Coutinho Pagliarini, Drª Elena Godoy, Dr. Neri dos Santos, Dr. Ulf Gregor Baranow ▪ **Editora-chefe** Lindsay Azambuja ▪ **Gerente editorial** Ariadne Nunes Wenger ▪ **Assistente editorial** Daniela Viroli Pereira Pinto ▪ **Preparação de originais** Arte e Texto Edição e Revisão de Textos ▪ **Edição de texto** Letra & Língua Ltda., Monique Francis Fagundes Gonçalves▪ **Capa** Luana Machado Amaro ▪ **Projeto gráfico** Mayra Yoshizawa ▪ **Diagramação e *designer* responsável** Luana Machado Amaro ▪ **Iconografia** Regina Claudia Cruz Prestes

Dados Internacionais de Catalogação na Publicação (CIP)
(Câmara Brasileira do Livro, SP, Brasil)

Baggio, Andreza Cristina
    Direito das startups : conceitos fundamentais e aspectos jurídicos / Andreza Cristina Baggio. -- Curitiba : Editora Intersaberes, 2022. -- (Série estudos jurídicos : direito empresarial e econômico)

    Bibliografia.
    ISBN 978-65-5517-093-1

1. Direito empresarial 2. Direito empresarial - Brasil 3. Empresas novas - Legislação - Brasil 4. Inovações 5. Propriedade intelectual 6. Proteção de dados - Leis e legislação I. Título. II. Série.

22-122119   CDU-34:338(81)

Índices para catálogo sistemático:
1. Brasil : Direito empresarial   34:338(81)
Cibele Maria Dias - Bibliotecária - CRB-8/9427

1ª edição, 2023.

Foi feito o depósito legal.

Informamos que é de inteira responsabilidade da autora a emissão de conceitos.

Nenhuma parte desta publicação poderá ser reproduzida por qualquer meio ou forma sem a prévia autorização da Editora InterSaberes.

A violação dos direitos autorais é crime estabelecido na Lei n. 9.610/1998 e punido pelo art. 184 do Código Penal.

Sumário

9 ▪ *Apresentação*

Capítulo 1
13 ▪ **Startups: as empresas embrionárias**
19 | Um breve cenário das startups no Brasil
22 | Por que um direito para startups?

Capítulo 2
27 ▪ **Inovação, startups e direito**
30 | A quarta revolução industrial e o fenômeno startup
35 | Inovação e regulamentação pelo Estado
39 | Marco Legal das Startups: Lei Complementar n. 182, de 1º de junho de 2021

Capítulo 3
47 ▪ **Ciclos de vida de uma startup**
50 | Fase de criação ou ideação de uma startup
56 | Fase de formação de uma startup
60 | Fase de consolidação de uma startup

Capítulo 4
75 ▪ **Aspectos societários da constituição das startups**
78 | Classificações das espécies societárias previstas na legislação brasileira
84 | Escolha do tipo societário pela startup
89 | Contrato social, estatuto social e acordo entre sócios
93 | O Inova Simples e a facilitação para a constituição de uma startup

Capítulo 5
97 ▪ **Propriedade intelectual e aspectos trabalhistas em uma startup**
99 | Principais aspectos jurídicos da proteção à propriedade intelectual
101 | Marcas
102 | Patentes
103 | Programas de computador
104 | Facilidades para o registro de marcas e patentes de uma startup
106 | Aspectos trabalhistas em uma startup
107 | Relação de trabalho e direitos dos trabalhadores
109 | Peculiaridades das relações de trabalho em startups

Capítulo 6
113 ▪ **Direito do consumidor e startups**
119 | Responsabilidade solidária segundo o Código de Defesa do Consumidor
124 | Termos de uso e políticas de privacidade nas relações entre consumidores e startups

128 | Marco Civil da Internet e startups
137 | Efeitos da Lei Geral de Proteção de Dados para as startups de tecnologia

Capítulo 7
145 ▪ **Tributação das startups**
147 | Simples Nacional
148 | Lucro Presumido
149 | Lucro Real
151 | Aspectos da tributação das startups

Capítulo 8
155 ▪ **Alguns modelos de startups presentes no Brasil**
156 | *Lawtechs* e inovação
160 | *Fintechs* no Brasil
164 | Startups na área da educação: as *edtechs*
166 | *Healthtechs*: startups na área da saúde

169 ▪ *Considerações finais*
171 ▪ *Referências*
189 ▪ *Sobre a autora*

Apresentação

A tecnologia tomou conta do nosso cotidiano. Atualmente, somos todos profundamente impactados em nosso dia a dia pelo desenvolvimento tecnológico, e a dependência de soluções tecnológicas para nossos problemas mais básicos está cada vez maior.

Nesse sentido, a complexidade da vida moderna, aliada à necessidade de desenvolvimento tecnológico, criou um tipo diferente de empreendimento, que são as startups.

Startups são empresas geralmente ligadas a soluções tecnológicas para problemas triviais e que tem como principal característica a inovação aliada ao risco que assumem os empreendedores ao desenvolverem seu negócio. Aliás, considerando que *startup* é sinônimo de *inovação*, não há nenhuma garantia aos empreendedores quanto ao sucesso de seu negócio, e é isso que torna a startup uma espécie de empreendimento típico da sociedade complexa e recheada de incertezas em que vivemos.

Esta obra tem o intuito de servir como um pequeno manual para empreendedores e profissionais que queiram compreender os principais aspectos de uma startup, inclusive as implicações legais de sua constituição.

Trazemos, inicialmente, algumas explicações técnicas sobre a constituição de uma startup e a inserção desse fenômeno que é comumente chamado de *quarta revolução industrial*. Importante sempre ressaltar que toda startup tem a inovação como característica principal, situação que sempre foi considerada como uma dificuldade para a regulação jurídica de tais empreendimentos.

Assim, no primeiro capítulo desta obra, tratamos da conceituação e da origem das primeiras startups. No segundo capítulo, abordamos a quarta revolução industrial e prosseguimos com a descrição do fenômeno startup, principalmente no que se refere à inovação, sua principal característica. Ainda falamos do recente marco regulatório das startups, que, até o momento, ainda não foi estudado pela doutrina com a profundidade necessária para que seja possível concluir que tal lei é suficiente para regular o fenômeno.

Apresentamos, no terceiro capítulo, todos os ciclos de vida de uma startup, desde a fase da ideação até as formas de investimentos mais comuns em tais negócios.

Também examinamos, no quarto capítulo, os aspectos societários que envolvem uma startup, demonstrando assim a preocupação que deve ter o empreendedor com a formalização de seu negócio.

Outros temas que envolvem o direito e as startups foram tratados no quinto capítulo, como as questões referentes à propriedade intelecutal e as consequências de relações entre empreendedores e colaboradores no que se refere ao direito do trabalho. Por sua vez, no sexto capítulo, tratamos direito do consumidor e, no sétimo capítulo, evidenciamos questões da tributação das startups. No sétimo e último capítulo, apresentamos alguns exemplos de startups que ganharam destaque no Brasil nos últimos anos, a fim de trazer um panorama geral da questão.

Sem intenção de esgotar o tema, este manual tem por objetivo apresentar o fenômeno startup por meio de pesquisa bibliográfica e também pela coleta de dados consultados em artigos disponíveis na internet. Trata-se de uma breve análise de um tema que, com o rápido desenvolvimento da tecnologia, há de ganhar projeção ainda maior nos próximos anos.

Capítulo 1

Startups: as empresas embrionárias

Afirma-se comumente que uma startup é uma pequena empresa em seu período inicial. Também se diz que se trata de uma empresa de inovação com baixos custos iniciais, mas que tem grande potencial para gerar lucros a curto prazo. Todavia, há uma definição mais atual, que parece satisfazer diversos especialistas e investidores: "uma startup é um grupo de pessoas à procura de um modelo de negócios repetível e escalável, trabalhando em condições de extrema incerteza", conceito disponível na página do Serviço Brasileiro de Apoio às Micro e Pequenas Empresas na internet (Sebrae, 2014). Aliás, no mesmo *site*, é possível esclarecer um pouco as principais características de uma startup:

> **Um cenário de incerteza** significa que não há como afirmar se aquela ideia e projeto de empresa irão realmente dar certo – ou ao menos se provarem sustentáveis;
>
> **O modelo de negócios é como a startup gera valor** – ou seja, como transforma seu trabalho em dinheiro. Um dos modelos de negócios do Google é cobrar por cada clique nos anúncios mostrados nos resultados de busca [...] Outro formato seria o modelo de negócio de franquias: você paga royalties por uma marca, mas tem acesso a uma receita de sucesso com suporte do franqueador – e por isso aumenta suas chances de gerar lucro;
>
> **Ser repetível** significa ser capaz de entregar o mesmo produto novamente em escala potencialmente ilimitada, sem muitas customizações ou adaptações para cada cliente. [...]

> **Ser escalável** é a chave de uma startup: significa crescer cada vez mais, sem que isso influencie no modelo de negócios. Crescer em receita, mas com custos crescendo bem mais lentamente. [...]. (Sebrae, 2014, grifo nosso)

Segundo Steve Blank (2011), startup é um conceito originário dos Estados Unidos e que teve seu desenvolvimento atrelado ao Silicon Valley, região localizada no Estado da Califórnia. Trata-se de uma região onde se situa, desde a década de 1950, uma série de empresas ligadas a inovações científicas e tecnológicas. O Vale abrange várias cidades da Califórnia, no sul da baía de São Francisco, como Palo Alto, Santa Clara e São José. O Silicon Valey nasceu em uma era de experimentação aplicada conduzida por cientistas e engenheiros. "Não era puramente pesquisa, mas uma cultura de tomar risco suficientemente para levar produtos ao mercado, por meio de aprendizado, descoberta, iteração e execução. Essa abordagem moldaria o ethos empresarial do Vale do Silício: nas startups, a falha era tratada como experiência (até que você ficasse sem dinheiro)" (Blank, 2011, tradução nossa).

Já Eric Ries (2012, p. 24) descreve a startup como "uma instituição humana projetada para criar novos produtos e serviços sob condições de extrema incerteza", ou seja, fora do padrão, de seu sucesso e estabilidade no mercado. As startups são organizações temporárias, cujas características principais são a inovação e a assunção de risco pelos empreendedores. Conforme Silveira e Lacerda (2019, p. 198):

Uma *startup* é considerada como uma organização temporária que busca um modelo de negócio escalável, recorrente e lucrativo; sua criação, modelo de negócios, contexto e execução são bem diferentes de organizações tradicionais, pois a primeira atua em um ambiente dinâmico com alto nível de incerteza (Blank; Dorf, 2014).

Destaca-se, no nascimento das startups[1], a sua vocação para novas tecnologias como estratégias de mercado:

> Startups são consideradas empresas nascentes de base tecnológica, que possuem na inovação tecnológica disruptiva os fundamentos de sua estratégia competitiva. Entre as principais características de tais negócios estão o caráter de organização temporária com potencial de rápido crescimento, os quais atuam em um ambiente de extrema incerteza, em busca de um modelo de negócios que possa tornar-se repetível e escalável.
> (Blank, 2013, citado por Machado; Santos, 2017)

Em sua obra A *galáxia da internet: reflexões sobre a internet, os negócios e a sociedade*, do ano de 2003, Manuel Castells chamou atenção para a importância dos projetos que começavam a crescer no Vale do Silício, nos Estados Unidos.

Castells (2003, p. 49) chamava a atenção para a importância desses modelos de negócios, afirmando que "sem a ação desses empresários, orientados por um novo conjunto específico

---

1 Para conhecer a história do surgimento das startups, acesse: <https://endeavor.org.br/inovacao/vale-do-silicio/> (Endeavor Brasil, 2022).

de valores" – com intenções de desenvolver muito além de um empreendimento, por meio de ideias inovadoras – "não teria havido nenhuma nova economia, e a Internet teria se difundido num ritmo muito mais lento e com um elenco diferente de aplicações".

As startups brasileiras surgiram durante o século XXI, e seu crescimento tornou-se mais evidente a partir do ano de 2010. Assim como acontece no Vale do Silício, nos Estados Unidos, a maioria das empresas é formada por jovens que investem dinheiro em seus sonhos, correndo riscos para realizá-los (Meus Dicionários, 2016). Nesse sentido, Feigelson, Nybo e Fonseca (2018, p. 21) apontam que, no que se refere a startups, *ecossistema* "é o termo aplicado para caracterizar determinado espaço físico onde há uma gama de serviços, tecnologia, contatos, conhecimento e fomento e, justamente por isso, observa-se grande incentivo e grande atração de empreendedores dispostos a desenvolver ali suas tecnologias e ideias".

Segundo esses mesmos autores:

> Startups trabalham num campo de altíssimo risco, e não só mercadológico. É o que as diferencia, basicamente, das corporações tradicionais, sejam elas pequenas ou grandes. Uma padaria, por exemplo, é um modelo de negócio pequeno, mas existente há anos – consequentemente, os players desse mercado já sabem ou têm condições de saber como atuar. Já o oferecimento de um serviço por meio de aplicativo de mensagens instantâneas, dependendo da forma como se comporta e o que traz, é igualmente pequeno; mas completa ou parcialmente

inédito, não estando inserido num contexto de conforto sob o qual repousam tais empresas comuns – o que torna o campo de atuação dos empreendedores bastante incerto. (Feigelson; Nybo; Fonseca, 2018, p. 26)

Diante do exposto, é possível deduzir que um dos pontos mais importantes para se tratar uma empresa embrionária como uma startup é o risco. São empresas inovadoras, em que o risco é assumido pelos empreendedores em nome do objetivo de trazer algo absolutamente inovador para o mercado, quebrando paradigmas, apresentando tecnologias disruptivas que desestabilizem o que já é conhecido no mercado.

Por fim, a Lei Complementar n. 167, de 24 de abril de 2019, que altera a Lei do Simples Nacional, em seu art. 65-A, parágrafos 1º e 2º, passa a dispor:

> § 1º Para os fins desta Lei Complementar, considera-se **startup** a empresa de caráter inovador que visa a aperfeiçoar sistemas, métodos ou modelos de negócio, de produção, de serviços ou de produtos, os quais, quando já existentes, caracterizam **startups** de natureza incremental, ou, quando relacionados à criação de algo totalmente novo, caracterizam **startups** de natureza disruptiva.
>
> § 2º As **startups** caracterizam-se por desenvolver suas inovações em condições de incerteza que requerem experimentos e validações constantes, inclusive mediante comercialização experimental provisória, antes de procederem à comercialização plena e à obtenção de receita. (Brasil, 2019a, grifo do original)

Vale esclarecer que a Lei Complementar em questão passou a vigorar apenas em 1º de setembro de 2021. Também teve início de vigência em setembro de 2021 o chamado *Marco Civil das Startups*, Lei Complementar n. 182, de 1º de junho de 2021 (Brasil, 2021).

— 1.1 —
Um breve cenário das startups no Brasil

Como bem explicam Figueira et al. (2017, p. 57): "A história das *startups* iniciou na década de 90 quando surgiu a bolha da internet nos Estados Unidos, também denominada bolha 'ponto com'. Esse foi o começo de muitas empresas de sucesso, tais como Google®, Ebay® e Amazon®".

No caso do Brasil, segundo o Sebrae (2014), foi somente entre 1996 e 2001 que o empreendedorismo startup ficou conhecido. Desde essa época, então, conforme Figueira et al. (2017), tem havido um grande crescimento das startups no país. De acordo com dados da Associação Brasileira de Startups (Abstartups), até o início de janeiro de 2022 havia, no Brasil, o registro de 13.836 startups.

A seguir, apresentamos alguns gráficos disponíveis para acesso na página da Abstartups (Startupbase, 2022)[2] e que ser-

---

2   Para mais informações, acesse: <https://startupbase.com.br/home/stats> (Startupbase, 2022).

vem para ilustrar o crescimento exponencial dessa espécie de negócios no cenário nacional. Neles, é possível observar algumas informações constantes, da página da Abstartups a respeito da evolução desse modelo de negócios no Brasil.

Gráfico 1.1 – Estados e cidades com a maior concentração de startups

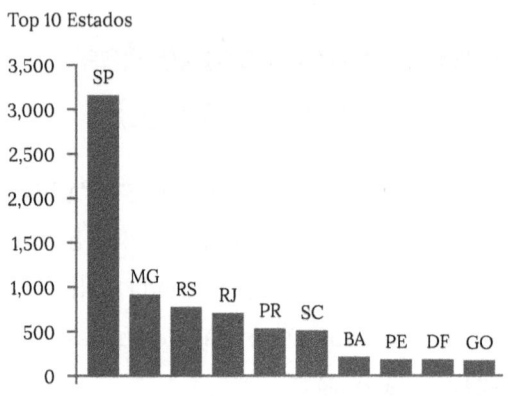

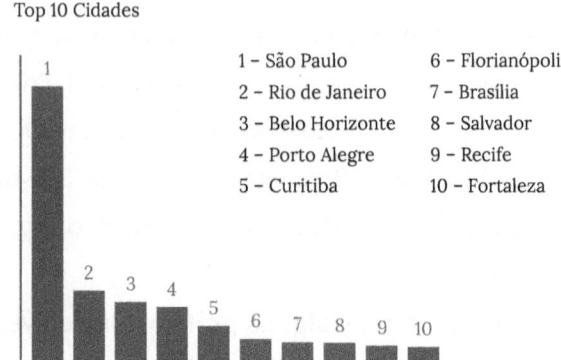

Fonte: Startupbase, 2022.

No *site* indicado, também se encontram outros gráficos interessantes, como os que constam logo a seguir. O primeiro demonstra que a maioria das startups no Brasil ainda estão fora de operação, e o segundo apresenta a idade das startups.

Gráfico 1.2 – Startups por fase e por idade

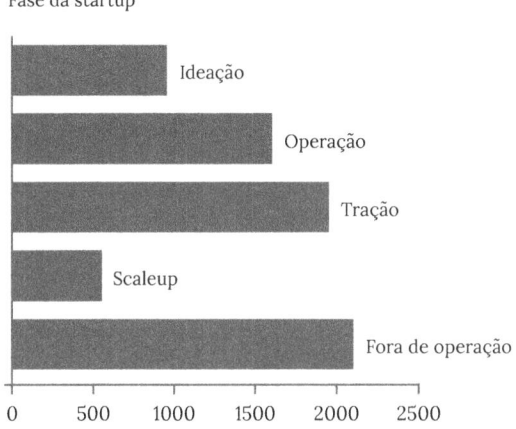

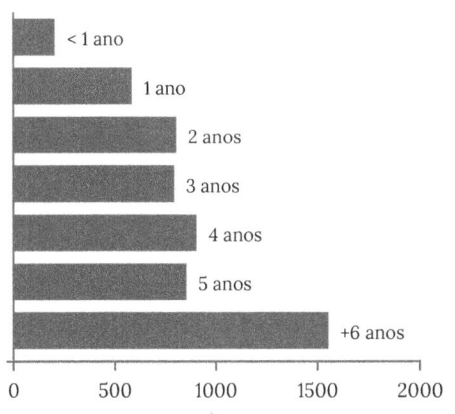

Fonte: *Startupbase*, 2022.

Na mesma página, entre outras informações, é possível verificar quais os mercados de atuação das startups no Brasil. Um dado que chama a atenção é o fato de que as empresas destinadas à educação são a maioria hoje no país.

Tabela 1.1 – Dados por mercado de atuação

Startups por Mercado de Atuação	
Mercado de Atuação	**%**
Educação	7.18
Finanças	4.26
Saúde e bem-estar	3.85
Internet	3.47
Agronegócio	3.19
Varejo/Atacado	2.99
E-commerce	2.96
Comunicação e mídia	2.57
TIC e Telecom	2.50
Vendas e marketing	2.31
Advertising	2.19
Serviços profissionais	1.84
Eventos e turismo	1.81

Fonte: Startupbase, 2022.

— 1.2 —
Por que um direito para startups?

Conforme Varella (2019), "em quatro anos, de 2015 até 2019, o número de startups no país mais que triplicou, passando de

4.151 para 12.945 – um salto de 207%". Nesse montante, segundo a autora, "apenas nove são 'unicórnios' (empresas avaliadas em mais de US$ 1 bilhão). As 'unicórnios' brasileiras são PagSeguro, Nubank, 99, Stone Pagamentos, iFood/Movile, Loggi, Gympass, Quinto Andar e Arco Educação" (Varella, 2019).

Assim, partimos da ideia de que não existe um novo ramo do direito chamado *direito das startups*, até porque, para tanto, seria necessária uma construção epistemológica que, até o momento, inexiste.

O que chamaremos a partir daqui de *direito das startups* nada mais é do que a subsunção dessa nova forma de iniciar uma atividade nos institutos já conhecidos do direito empresarial, do direito contratual e de outros ramos.

A literatura sobre startups é unânime ao tratar da importância dos cuidados jurídicos dos empreendedores em todas as fases de formação de uma startup. Também é consenso que os empreendedores tendem a não tomar alguns cuidados relacionados a aspectos jurídicos importantes, especialmente no que se refere à constituição de sua atividade com o apoio de uma consultoria jurídica especializada.

Lucas Pimenta Júdice (2021) traz um interessante artigo em que aborda aquilo que chama de os "7 erros jurídicos que startups cometem e podem pagar caro por isso". O autor aponta como primeiro grande equívoco justamente o fato de que a maioria dos empreendedores não pensa nos aspectos jurídicos da startup. Afirma também que esse comportamento se deve à noção de que muitos "empreendedores têm de que as 'burocracias' da lei são detalhes alheios à execução de seu negócio" e, ainda, à questão de que muitos acabam menosprezando o fato de que os aspectos jurídicos de qualquer empreendimento demandam conhecimentos específicos (Júdice, 2021).

Outro erro que o mesmo autor aponta como fatal ao bom andamento da startup é que, muitas vezes, a assessoria jurídica acaba sendo realizada por um advogado de confiança, um amigo ou alguém da família, já que, no início de suas atividades, os empreendedores envolvidos com as startups não possuem dinheiro para pagar uma assessoria jurídica especializada. Para Júdice (2016, p. 279), "deve-se procurar, nesses casos, um advogado que entenda de Direito Societário e que, se possível, some as expertises jurídicas do seu negócio".

É preciso ter em mente que, antes de nominar uma empresa como *startup*, trata-se, na verdade, de uma empresa como outra qualquer. Isso significa que, ainda que se entenda por *startup* uma empresa em estágio embrionário, ela tem responsabilidades empresariais, encargos trabalhistas para com seus funcionários, regras a serem observadas quanto ao respeito a seus consumidores e tantas outras que definirão o sucesso ou o fracasso do empreendimento.

Teixeira e Lopes (2017) afirmam a importância de uma governança jurídica para empreender com segurança. Para os autores, "se não agir dessa maneira, qualquer empresário ou consultor estabelece riscos iminentes por não considerar aspectos de segurança necessários a projetos de qualquer natureza" (Teixeira; Lopes, 2017).

É certo, portanto, que empresas dessa natureza demandarão soluções que venham do direito societário, das regras de propriedade intelectual, do direito contratual e do consumidor, do direito do trabalho e de tantos outros, a depender da área de atuação da startup.

Capítulo 2

Inovação, startups e direito

O crescimento do uso da internet a partir dos anos 1990 trouxe muitos desafios para o direito. Mais recentemente, com o surgimento das startups, a revolução tecnológica acarretou mudanças de mercado que precisam ser compreendidas sob seus aspectos jurídicos.

Estamos vivendo uma revolução propiciada pela inovação tecnológica. Nesse sentido, aspectos como a intensidade com que aplicações de internet – *sites*, aplicativos, *blogs*, redes sociais, entre outros – passaram a fazer parte de nosso cotidiano e as mudanças no mercado de trabalho, que não têm incentivado jovens e adultos a permanecerem no modelo que já existe, fazem com que o empreendedorismo surja como forte opção de carreira (Correia-Neto; Dornelas; Vilar, 2014).

A internet surgiu no período da historicamente conhecida Guerra Fria (1945-1991), época em que Estados Unidos e União Soviética disputavam poder e hegemonia política e econômica (Volpi Neto, 2001). Como explica Diana (2022), com o advento do Arpa (*Advanced Research Projects Agency*), o Departamento de Defesa dos Estados Unidos "criou um sistema avançado de compartilhamento de informações entre pessoas distantes geograficamente", no intuito de facilitar as estratégias de guerra. Tal tecnologia foi posteriormente liberada para utilização nas universidades, com vistas à divulgação de estudos e teses acadêmicas.

No ano de 1989, criou-se um novo sistema, o WWW – World Wide Web, nascendo, então, a Rede Mundial de Computadores – a internet. Para Corrêa (2002, p. 11), "a internet é um sistema global de rede de computadores que possibilita a comunicação e a transferência de arquivos de uma máquina a qualquer outra máquina conectada na rede". Segundo o autor, isso possibilitou "um intercâmbio de informações sem precedentes na história, de maneira rápida, eficiente e sem a limitação de fronteiras, culminando na criação de novos mecanismos de relacionamento" (Corrêa, 2002, p. 11).

> No Brasil, a internet surgiu no final da década de 80, quando as universidades brasileiras começam a compartilhar algumas informações com os Estados Unidos. Entretanto, foi a partir de 1989, quando fundou-se a Rede Nacional de Ensino e Pesquisa (RNP), que o projeto de divulgação e acesso ganhou força. O intuito principal era difundir a tecnologia da Internet pelo Brasil e facilitar a troca de informações e pesquisas. Em 1997, criou-se as "redes locais de conexão" expandindo, dessa forma, o acesso a todo território nacional. (Diana, 2022)

Se a Revolução Industrial modificou o modo de viver em sociedade, a revolução informática está influindo na forma de pensar do ser humano. Estudos demonstram que o uso da internet modificará a atividade cognitiva do homem, ou seja, a forma de conhecimento e aprendizado, aquilo que se aprende com o desenvolvimento da leitura e da escrita. Como afirma Lorenzetti (2000, p. 833, tradução nossa):

> O surgimento da era digital tem suscitado a necessidade de repensar importantes aspectos relativos à organização social,

à democracia, à tecnologia, à privacidade, à liberdade e observa-se que muitos enfoques não apresentam a sofisticação teórica que semelhantes problemas requerem; esterilizam-se obnubilados pela retórica, pela ideologia e pela ingenuidade.

Aliás, atualmente, para além da existência de uma sociedade de informação, é corrente o entendimento de que a humanidade enfrenta uma nova revolução, a chamada *quarta revolução industrial*, impulsionada pelos avanços tecnológicos e que gera perplexidade em todo o mundo, especialmente em razão da velocidade de tais avanços.

— 2.1 —
A quarta revolução industrial e o fenômeno startup

Piaia, Costa e Willers (2019, p. 125), citando a importante obra de Klaus Schwab, explicam que "no século XXI, estamos diante do que se poderia chamar de uma Quarta Revolução Industrial. Para o autor, o termo se justifica tendo em vista a velocidade e a profundidade, jamais vistas antes, em que as mudanças estão ocorrendo". Para Klaus Schwab (citado por Piaia, Costa e Willers, 2019, p. 125), trata-se de "uma mudança abrupta e radical [...], em que é possível constatar uma alteração visível no padrão estabelecido". Piaia, Costa e Willers (2019, p. 125) ainda afirmam que, por meio desse conceito, é possível estabelecer sua relação com as históricas mudanças provocadas pelas Revoluções Industriais ocorridas desde o século XVIII: a Primeira Revolução Industrial, de 1760, foi caracterizada pela mudança gerada entre o uso da força física e pela adoção da energia mecânica provocada pela construção de ferrovias e pela invenção da máquina a vapor. Já a Segunda Revolução Industrial, surgida no final do século XIX e início do século XX, foi marcada pelo surgimento da eletricidade e da criação da linha de montagem. A partir dos anos sessenta, ocorre a chamada Terceira Revolução Industrial, marcada pelo surgimento do computador, essa revolução atravessou os anos setenta pela utilização de computadores pessoais e os anos oitenta pelo surgimento da Internet.

Ainda citando citando Schwab, Piaia, Costa e Willers (2019, p. 125-126) continuam:

> Assim como ocorreu nos períodos anteriores, a terceira revolução industrial não ocorreu por causa da existência das tecnologias digitais, mas pelas mudanças que essas tecnologias promoveram no nosso sistema econômico e social. A capacidade de armazenar, processar e transmitir informações em formato digital deu nova forma a quase todas às indústrias e mudou drasticamente a vida profissional e social de bilhões de pessoas. Schwab acredita que estamos vivendo o início de uma Quarta Revolução Industrial, que iniciou na virada do século e baseia-se na revolução digital. É caracterizada por uma Internet mais ubíqua e móvel, por sensores menores e mais poderosos que se tornaram mais baratos e pela inteligência artificial e aprendizagem de máquina [...]. Vive-se a era

da Inteligência Artificial, dos veículos autônomos, dos Drones, das impressoras 3D, da chamada internet das coisas, do Big Data, das nanotecnologias e de inúmeras outras tecnologias que fazem parte das nossas vidas.

Os autores enfatizam, porém, que essa quarta revolução não se refere apenas a sistemas e máquinas inteligentes e com base na conexão, mas também "a novas descobertas em muitas áreas do conhecimento humano, como o sequenciamento genético, computação quântica, nanotecnologias". Para Schwab (citado por Piaia; Costa; Willers, 2019, p. 126), "o que diferencia a Quarta Revolução Industrial das anteriores é a 'fusão dessas tecnologias e a interação entre os domínios físicos, digitais e biológicos'".

Schwab (2016, p. 58) ainda afirma, peremptoriamente, que:

> A quarta revolução industrial possui quatro efeitos principais aos negócios de todas as indústrias: – as expectativas dos clientes estão mudando; – os produtos estão sendo melhorados pelos dados, o que melhora a produtividade dos ativos; – estão sendo formadas novas parcerias, conforme as empresas aprendem a importância de novas formas de colaboração; e – os modelos operacionais estão sendo transformados em novos modelos digitais.

Para o autor, "novas tecnologias estão transformando a forma como as organizações percebem e gerenciam seus ativos, pois produtos e serviços recebem a melhoria de recursos digitais que aumentam o seu valor" (Schwab, 2016, p. 58).

Vale aqui também transcrever as importantes reflexões de Bruno Miragem (2019) acerca desse admirável mundo de novos produtos e novos serviços típicos da sociedade que vive a quara revolução industrial. Para o autor:

> Tem especial interesse, no atual estágio de desenvolvimento tecnológico, os denominados bens digitais, também denominados *digital assets* ou *digital property*. Assim, por exemplo, as mensagens de correio eletrônico arquivadas, informações, arquivos (fotos, documentos) disponibilizados em rede social ou em *site* de compras ou em plataformas de compartilhamento de fotos ou vídeos, os *softwares* que contratam licença de uso *on-line* (mediante senha ou código) pelo tempo assegurado de fruição, ou arquivos compartilhados em serviços de compartilhamento ou armazenamento de dados (p. ex. o armazenamento em nuvem – *cloud computing*). Há, nestes casos, interação entre a prestação de um serviço que poderá ser de oferta ou de custódia de bens digitais, espécies de bens incorpóreos cujo interesse legítimo de uso fruição e disposição pertença ao consumidor. Da mesma forma, a aplicação da internet sobre produtos e serviços permite que passem a servir a novas utilidades, especialmente ao permitir a conectividade de produtos, de modo que possam coletar e transmitir dados com a finalidade de otimizar sua utilização, assegurando precisão, eficiência nos recursos e melhor atendimento do interesse do consumidor. Trata-se do que vem sendo comumente denominado de internet das coisas (*internet of things* ou IoT), e repercute nas relações de consumo, tanto na redefinição do dever de qualidade (finalidade legitimamente esperada

do produto ou serviço), quanto em novos riscos que eventual defeito da prestação pode dar causa. Na mesma linha, a multiplicação da capacidade de processamento de dados dá causa ao desenvolvimento de *softwares* para interpretação de dados externos ou ambientais, de modo a determinar a atividade consequente de objetos inanimados (produtos, e.g.), o que está na origem da denominada inteligência artificial (*Artificial intelligence* ou AI), e permite, inclusive, a possibilidade de autoaperfeiçoamento do próprio bem, a partir do uso da linguagem (*machine learning*). Nesse caso, a adoção da inteligência artificial em produtos e serviços permite um grau de automatização na relação entre o fornecedor e o consumidor, reduzindo a interação entre ambos e intensificando a padronização do atendimento ou do fornecimento de produtos ou serviços. A repercussão na relação de consumo pode ser vislumbrada tanto pela maior agilidade ou precisão no atendimento do interesse do consumidor, quanto pela potencialização dos riscos decorrentes de um vício ou defeito na interpretação a ser feita pelo sistema informatizado em relação a dados externos e sua resposta automatizada. (Miragem, 2019, p. 20-21)

O autor conclui afirmando que a riqueza do século XXI são os "fazeres" globalizados, dos serviços clássicos aos produtos imateriais e inteligentes, dos "serviços digitais" aos dados dos consumidores (Miragem, 2019).

— 2.2 —
Inovação e regulamentação pelo Estado

O momento atual é de repensar o papel do Estado no fenômeno da inovação tecnológica. No Brasil, especificamente na Constituição Federal (CF) de 1988 (Brasil, 1988), o art. 170 define quais são os princípios que regem a ordem econômica brasileira, entre eles a livre iniciativa (art. 170, *caput*) e a livre concorrência (art. 170, IV). Especialmente no que diz respeito à livre iniciativa, o direito se insere na preocupação com a regulação das atividades realizadas pelas startups.

Assim, como afirma Tércio Sampaio Ferraz Junior (1989, p. 78), a livre iniciativa garante a

> espontaneidade humana na produção de algo novo, de começar algo que não estava antes. Esta espontaneidade, base da produção da riqueza, é fator estrutrual que não pode ser negado pelo Estado. Se, ao fazê-lo, o Estado a bloqueia e impede, não está intervindo, no sentido de normar e regular, mas está dirigindo e, com isso, substituindo-se a ela na estrutura fundamental do mercado.

O modelo de negócio das startups, portanto, é um prato cheio para o empreendedorismo. Empreendedores descobrem oportunidades no mercado que lhes permitem explorar para desenvolver novas soluções. Segundo Dornelas, Spinelli e Adams (2014), quem empreende está sempre almejando a construção de algo novo que possa melhorar a vida das pessoas, preferencialmente por meio de soluções inovadoras, criativas e sustentáveis.

— 2.2.1 —
Exemplo da necessidade de regulação: o caso Uber

Discussão importante sobre regulação e inovação aconteceu no Brasil quanto ao aplicativo Uber, que nada mais é do que uma plataforma que proporciona a conexão direta entre um motorista particular profissional e consumidores que pretendem utilizar seus serviços. Trata-se de um exemplo daquilo que se tem chamado de *tecnologias disruptivas*, ou seja, tecnologias que trazem novidades aptas a desestabilizar mercados até então sólidos.

A plataforma Uber é conhecida por seu uso massivo em smartphones e tecnologias Peer-to-Peer (P2P)[1], que permitem aproximar as pessoas, fomentando o que se denomina *economia compartilhada ou colaborativa*, altamente aprovada pela sociedade, mas que também gera grandes debates sobre seus desafios jurídicos.

As tecnologias P2P são aquelas em que existe o encontro de pessoas que desejam oferecer seus produtos e serviços diretamente àquelas pessoas que desejam consumi-los, eliminando-se

---

1 Peer to peer, em tradução livre, significa "ponto a ponto". Na informática, trata-se de um tipo de rede de computadores em que cada participante é também um servidor.

da cadeia de fornecimento do produto ou serviço a figura do intermediário.

Como exemplificam Salman e Fujita (2018, p. 93), no caso do transporte, "ao invés de a pessoa dirigir-se até uma locadora de automóveis, ela pode firmar a transação diretamente com o condutor, através de um aplicativo". Os mesmos autores também se utilizam do exemplo de outro aplicativo de sucessos, o Airbnb: "ao alugar quartos ou apartamentos pela Airbnb, [...] é possível realizar a locação diretamente com o proprietário do imóvel, ao invés de uma imobiliária ou hotel" (Salman; Fujita, 2018, p. 93).

O caso Uber é um bom exemplo da necessária atuação do Estado na regulação das atividades inovadoras. Logo que surgiu o aplicativo no Brasil, um forte movimento por parte dos taxistas buscava boicotar o uso do aplicativo pela população. Manifestações, bloqueios de ruas e agressões físicas foram o tom da chegada do serviço ao país[12].

No caso Uber, a atuação do Estado foi fundamental. A Lei n. 13.640, de 26, de março de 2018, alterou o inciso X do art. 4º da Lei n. 12.587/2012, sendo o Uber, a partir de então, reconhecido como:

> X – transporte remunerado privado individual de passageiros: serviço remunerado de transporte de passageiros, não aberto ao público, para a realização de viagens individualizadas ou

---

2   Sobre o tema, ver: <http://g1.globo.com/pr/parana/noticia/2016/06/taxistas-e-motoristas-do-uber-protestam-em-curitiba.html> (Justi, 2016).

compartilhadas solicitadas exclusivamente por usuários previamente cadastrados em aplicativos ou outras plataformas de comunicação em rede. (Brasil, 2018a)

É certo, portanto, que o direito não pode furtar-se de regulamentar as novas tecnologias e as novas formas de empreender. Como afirma Oioli (2019) a respeito da importância da atuação do direito no fenômeno das startups: "O Direito, nessa seara, mais uma vez será importante, seja na proteção da inovação, que muitas vezes pode ser rápida e facilmente copiada, seja nos cuidados a serem tomados na interação com o público consumidor por meios digitais, inclusive para fins de proteção contra o uso de dados".

No Brasil, uma legislação específica sobre o tema se fazia urgente e já podia ser gradualmente vislumbrada, conforme a visão de Costa (2021). O autor ainda afirma que, de início, "faz-se menção ao regime Inova Simples, trazido pela Lei Complementar 167, de 24 de abril de 2019", lei essa "que concede um tratamento diferenciado às startups, no sentido de fixar um rito sumário para abertura e fechamento das empresas bem como de concessão de registro de marcas e patentes junto ao INPI" (Costa, 2021).

Fato é que, finalmente, ainda no ano de 2021, foi promulgada a Lei Complementar n. 182/2021, também conhecida como *Marco Legal das Startups*, assunto que veremos na sequência.

— 2.3 —
Marco Legal das Startups: Lei Complementar n. 182, de 1º de junho de 2021

Considerando o crescente número de startups e a necessidade de sua regulação, foi sancionada em 1º de junho de 2021 a Lei Complementar n. 182 (Brasil, 2021), também conhecida como *Marco Legal das Startups*. O Projeto de Lei do qual decorreu a Lei Complementar n. 181/2021 foi aprovado em maio desse mesmo ano por unanimidade, pelo Senado e pela Câmara. Esse projeto, de acordo com Dias (2021, grifo do original), pretendia "trazer um novo ambiente regulatório e de desenvolvimento para as pequenas empresas de cunho tecnológico, consideradas agora um 'vetor de desenvolvimento econômico, social e ambiental'", com o intuito de "**facilitar negócios entre pequenas empresas e a contratação delas pela administração pública**", além de "diminuir burocracias e aumentar a segurança jurídica de empreendedores e dos investidores por trás destes negócios".

O objetivo principal, no entanto, é favorecer "a criação de startups no Brasil, respeitando as particularidades dessas empresas no que se refere a investimentos, questões trabalhistas e até mesmo tributárias" (Dias, 2021).

As principais alterações trazidas pela nova regulamentação informam que a receita bruta anual de uma startup deve ser de até R$ 16 milhões, com a inscrição no CNPJ de no máximo

10 anos. Ainda, pessoas físicas ou jurídicas podem investir nas startups, e isso pode resultar ou não no capital social da empresa, a depender da modalidade que as partes escolherem. Outra alteração afirma que não é necessário vínculo entre o investidor e a empresa. O investidor anjo que fizer o aporte financeiro sem ingressar no capital não será sócio, não terá direito a gerência nem voto na administração da empresa em que investir. Ele também não precisará responder por obrigações ou dívidas nessa empresa, porém será remunerado pelos aportes. Será criado o sandbox regulatório, ou seja, o ambiente regulatório experimental, no qual será possível lançar produtos e serviços sem tanta burocracia. Por fim, às startups será possível receber recursos de empresas com obrigações de investimento em pesquisa, desenvolvimento e inovação (G1, 2021).

Em seu art. 4º, a Lei Complementar n. 182/2021 especifica o enquadramento de uma empresa como startup, ao dispor que: "São enquadradas como startups as organizações empresariais ou societárias, nascentes ou em operação recente, cuja atuação caracteriza-se pela inovação aplicada a modelo de negócios ou a produtos ou serviços ofertados" (Brasil, 2021).

O Marco Legal das Startups tem o mérito de finalmente conceituar o que caracteriza tal espécie de empreendimento, ou seja, seu caráter inovador e de negócio embrionário. O art. 4º do Marco Legal apresenta, portanto, a solução à dúvida sobre o enquadramento de uma startup quando dispõe que:

Art. 4º São enquadradas como startups as organizações empresariais ou societárias, nascentes ou em operação recente, cuja atuação caracteriza-se pela inovação aplicada a modelo de negócios ou a produtos ou serviços ofertados. (Brasil, 2021)

Segundo Rodrigo de Abreu Pinto (2021), quanto ao caráter inovador, o marco estipula que as startups declarem, em seu ato constitutivo, a utilização de modelos de negócios inovadores para a geração de produtos ou serviços, ficando a sugestão aos senadores de que o Marco apresente uma lista não exaustiva de atividades que sejam automaticamente reconhecidas como inovadoras, tal qual consta na listagem das atividades de baixo risco de que trata o art. 9º da Declaração de Liberdade Econômica – Lei n. 13.874, de 20 de setembro de 2019 (Brasil, 2019b).

Também o parágrafo 1º do art. 4º continua tratando do tema:

> § 1º Para fins de aplicação desta Lei Complementar, são elegíveis para o enquadramento na modalidade de tratamento especial destinada ao fomento de startup o empresário individual, a empresa individual de responsabilidade limitada, as sociedades empresárias, as sociedades cooperativas e as sociedades simples:
>
> I – com receita bruta de até R$ 16.000.000,00 (dezesseis milhões de reais) no ano-calendário anterior ou de R$ 1.333.334,00 (um milhão, trezentos e trinta e três mil trezentos e trinta e quatro reais) multiplicado pelo número de meses de atividade no ano-calendário anterior, quando inferior a 12 (doze) meses, independentemente da forma societária adotada;

II – com até 10 (dez) anos de inscrição no Cadastro Nacional da Pessoa Jurídica (CNPJ) da Secretaria Especial da Receita Federal do Brasil do Ministério da Economia; e

III – que atendam a um dos seguintes requisitos, no mínimo:

a) declaração em seu ato constitutivo ou alterador e utilização de modelos de negócios inovadores para a geração de produtos ou serviços, nos termos do inciso IV do caput do art. 2º da Lei nº 10.973, de 2 de dezembro de 2004; ou

b) enquadramento no regime especial Inova Simples, nos termos do art. 65-A da Lei Complementar nº 123, de 14 de dezembro de 2006. (Brasil, 2021)

Dada a relação com o tema, transcreve-se o parágrafo 2º do art. 4º:

§ 2º Para fins de contagem do prazo estabelecido no inciso II do § 1º deste artigo, deverá ser observado o seguinte:

I – para as empresas decorrentes de incorporação, será considerado o tempo de inscrição da empresa incorporadora;

II – para as empresas decorrentes de fusão, será considerado o maior tempo de inscrição entre as empresas fundidas; e

III – para as empresas decorrentes de cisão, será considerado o tempo de inscrição da empresa cindida, na hipótese de criação de nova sociedade, ou da empresa que a absorver, na hipótese de transferência de patrimônio para a empresa existente. (Brasil, 2021)

O primeiro princípio, segundo a enumeração do inciso I do art. 3º do Marco, pauta o importante "reconhecimento do empreendedorismo inovador como vetor de desenvolvimento econômico, social e ambiental" (Brasil, 2021). Nessa mesma linha, o Marco das Startups desponta na esteira de outros dois importantes marcos: o Marco Legal da Internet (2014) e o Marco Legal da Ciência, Tecnologia e Inovação (2016). Estes se somam a legislações mais antigas, como a Lei da Inovação e a Lei do Bem, no intuito de atrelar, de modo definitivo, o fomento à inovação ao desenvolvimento econômico e social do país. Assim, as startups, como empresas com alto potencial de escalabilidade e inovação tecnológicas, são o principal objeto do marco legal, que atende, por um lado, as demandas de melhoria do ambiente de negócios e da segurança quanto ao patrimônio dos investidores e, por outro, privilegia as compras públicas como meio de intensificar a oferta de capital às startups (Pinto, 2021).

Aliás, os princípios regulamentadores da atividade de uma startup estão todos definidos no art. 3º da lei, que assim dispõe:

> Art. 3º Esta Lei Complementar é pautada pelos seguintes princípios e diretrizes:
>
> I – reconhecimento do empreendedorismo inovador como vetor de desenvolvimento econômico, social e ambiental;
>
> II – incentivo à constituição de ambientes favoráveis ao empreendedorismo inovador, com valorização da segurança jurídica e da liberdade contratual como premissas para a

promoção do investimento e do aumento da oferta de capital direcionado a iniciativas inovadoras;

III – importância das empresas como agentes centrais do impulso inovador em contexto de livre mercado;

IV – modernização do ambiente de negócios brasileiro, à luz dos modelos de negócios emergentes;

V – fomento ao empreendedorismo inovador como meio de promoção da produtividade e da competitividade da economia brasileira e de geração de postos de trabalho qualificados;

VI – aperfeiçoamento das políticas públicas e dos instrumentos de fomento ao empreendedorismo inovador;

VII – promoção da cooperação e da interação entre os entes públicos, entre os setores público e privado e entre empresas, como relações fundamentais para a conformação de ecossistema de empreendedorismo inovador efetivo;

VIII – incentivo à contratação, pela administração pública, de soluções inovadoras elaboradas ou desenvolvidas por startups, reconhecidos o papel do Estado no fomento à inovação e as potenciais oportunidades de economicidade, de benefício e de solução de problemas públicos com soluções inovadoras; e

IX – promoção da competitividade das empresas brasileiras e da internacionalização e da atração de investimentos estrangeiros. (Brasil, 2021)

Já o art. 2º da lei trata do posicionamento do investidor anjo, tema que abordaremos adiante, mas cria também o chamado *sandbox regulatório*, ou *ambiente regulatório experimental*. É o teor do inciso II desse artigo:

> II – ambiente regulatório experimental (sandbox regulatório): conjunto de condições especiais simplificadas para que as pessoas jurídicas participantes possam receber autorização temporária dos órgãos ou das entidades com competência de regulamentação setorial para desenvolver modelos de negócios inovadores e testar técnicas e tecnologias experimentais, mediante o cumprimento de critérios e de limites previamente estabelecidos pelo órgão ou entidade reguladora e por meio de procedimento facilitado. (Brasil, 2021)

A seguir, trataremos do chamado *sandbox regulatório*, instituto extremamente relevante quando se trata de ambientes voltados à inovação, que não podem estar sujeitos a burocracias extremas para o sucesso da atividade.

— 2.3.1 —
Sandbox regulatório

Bruno Henrique Pinhão (2021) conceitua o sandbox regulatório, afirmando que se trata de uma iniciativa que visa concretizar inovações em mercados específicos por meio de um ambiente controlado. As regras são disciplinadas pelo próprio sandbox, ou seja, as empresas que participam não estão vinculadas às regras tradicionais, no intuito de facilitar a busca por soluções eficientes.

O primeiro sandbox foi realizado em 2015, pela Financial Conduct Authority, órgão regulador financeiro do Reino Unido (Pinhão, 2021).

Aqui no Brasil também a figura do sandbox regulatório já havia sido implementada anteriormente. Em 2020, a Comissão de Valores Mobiliários (CVM) editou a Instrução CVM n. 626, que teve por objetivo definir as regras para a constituição de funcionamento de ambiente regulatório experimental, sendo então especificadas soluções com o potencial de proporcionar ganhos de eficiência, redução de custos e maior acesso ao público a produtos e serviços do mercado mobiliário (art. 2º, § 1º) (Pinhão, 2021).

A Lei Complementar n. 182/2021 detalha cuidadosamente o ambiente para tal sandbox regulatório, ou ambiente regulatório experimental, conforme dispõe em seu art. 11.

Capítulo 3

Ciclos de vida de uma startup

O nascimento de uma startup acontece em um processo composto basicamente por três fases: uma fase de ideação, uma fase de união de esforços entre os empreendedores e uma fase em que se busca a validação da ideia proposta no mercado, após a qual se inicia o desenvolvimento de um produto mínimo viável (MVP). Cumpridos os passos iniciais, os empreendedores saem em busca de investimento a fim de atuar e se consolidar no mercado (Castro; Lage, 2019).

Nas fases iniciais, as incubadoras assumem papel fundamental, pois são locais especializados para servir como base de apoio aos empreendedores enquanto ainda não têm lucro ou financiamento para o desenvolvimento da atividades. Normalmente, as incubadoras cedem espaço e material de trabalho para os empreendedores, além da orientação de profissionais experientes de mercado. Já nas fases de desenvolvimento do produto e sua introdução no mercado, as aceleradoras são muito importantes, pois são a conexão direta das startups com o mercado (Castro; Lage, 2019).

Considerando que as startups têm por objetivo a criação de atividades inovadoras, é muito comum uma startup perceber que, em um ambiente de extrema incerteza, sua solução "não é exatamente o que o mercado precisa" e, nesse caso, "ao invés de simplesmente perseverar sabendo que está fadada ao insucesso, elas **pivotam**" (Castro; Lage, 2019, p. 322, grifo do original). Quando isso ocorre, "ela transforma a sua solução para outra que possa parecer mais adequada ao problema do mercado, diante do novo cenário em que se encontra" (Castro; Lage, 2019, p. 322).

Já Rodrigues (2019), de maneira didática e objetiva, divide os ciclos de vida de uma startup em três: **criação**, **formação** e **consolidação** – classificação que adotaremos nesta obra. Acreditamos que a definição que consta da figura a seguir melhor ilustra o que são as fases de nascimento e desenvolvimento de uma startup.

Figura 3.1 – Ciclo de vida de uma startup

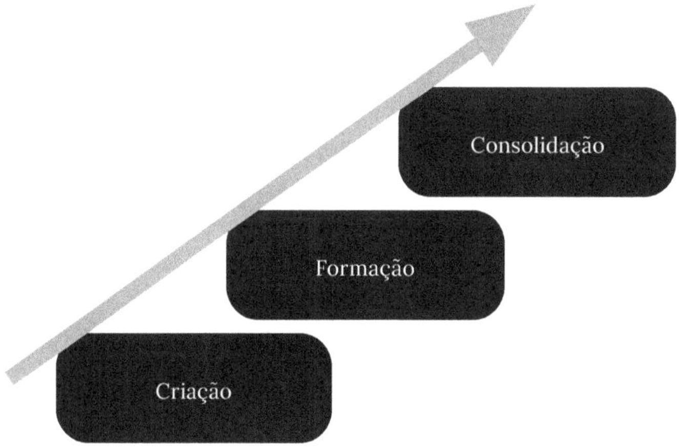

Fonte: Rodrigues, 2019, p. 21.

Percebemos, portanto, que a constituição de uma startup, embora pareça ser um procedimento simples, apresenta peculiaridades que merecem um olhar especial do empreendedor. Até chegar à consolidação, um longo caminho há de ser percorrido.

— 3.1 —
Fase de criação ou ideação de uma startup

Uma startup costuma surgir de uma ideia. Uma carência do mestrado, a aporta em um novo comportamento, uma nova forma de prestar um serviço ou vender um produto. Feigelson, Nybo e Fonseca (2018, p. 18) aduzem que:

> A inovação é a base do conceito de startup, e, apesar das dificuldades inerentes em definir essa simples palavra acreditamos na clássica acepção que preceitua que startup é um grupo de pessoas à procura de um modelo de negócios, baseado em tecnologia, repetível e escalável, trabalhando em condições de extrema incerteza.

O empreendedor que resolve iniciar a criação de uma startup deve, inicialmente, identificar um produto ou serviço que possa atender às necessidades do mercado e que seja inovador, muitas vezes voltado a um nicho específico de mercado. Na fase da criação, é fundamental que os empreendedores submetam seu produto ou serviço a uma análise de viabilidade e aceitação pelos seus futuros consumidores. É a partir dessa análise que será possível verificar a viabilidade do negócio (Rodrigues, 2019).

Figura 3.2 – Modelo de desenvolvimento do cliente de uma startup

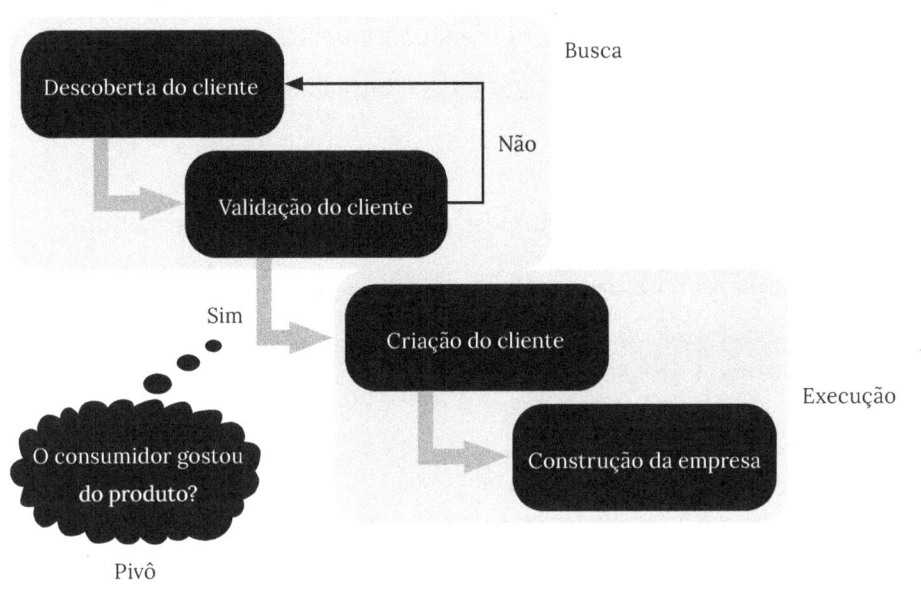

[Diagrama: Descoberta do cliente → Validação do cliente (Busca). Se "Não", retorna à Descoberta do cliente. Se "Sim" (O consumidor gostou do produto? / Pivô) → Criação do cliente → Construção da empresa (Execução).]

Fonte: Pires, 2020, p. 48.

Nessa fase, segundo Teixeira e Lopes (2017), é importante que haja um planejamento mínimo a respeito da atividade a ser proposta pela novo empreendimento. É nesse ponto que os autores sugerem a criação de um canvas jurídico, ferramenta de planejamento jurídico desenvolvida estrategicamente para auxiliar o empreendedor a tratar questões que, quando esquecidas, podem causar incontáveis aborrecimentos, litígios legais e prejuízos patrimoniais (Teixeira; Lopes, 2017).

Quanto mais específica for a descrição da atividade empresarial perseguida, mais efetivo e direcionador será o canvas jurídico, pois determinará o enquadramento dos demais blocos subsequentes e orientará a startup em seu plano de ação (Teixeira; Lopes, 2017).

Quadro 3.1 – Pontos de atenção para o planejamento da startup

Deliberações fundamentais entre os sócios
1. Confidencialidade
2. *Vesting*
3. *Cliff*
4. Não competição
5. Deveres e direitos dos sócios
6. Direito de preferência (quotas)
7. Divisão dos poderes de decisão
8. Regras de admissão de novos sócios
9. Distribuição de dividendos (lucros)
10. Regras para contratação de empréstimos
11. Hipóteses de retiradas de sócios
12. Regras para saída de sócios
13. Questões bancárias
14. Regras de diluição
15. *Option pool*
16. *Tag along*
17. *Drag along*
18. *Lock-up*
19. Preferência na liquidação
20. Solução de conflitos
21. Governança
22. Encerramento das atividades
23. Regras para transferência de quotas

(continua)

(Quadro 3.1 – continuação)

24. Duração da sociedade
25. Remuneração
26. Falecimento de qualquer dos sócios
27. Divisão de participações
28. Formas de participação de investidores
29. Valores e condições inegociáveis
30. Sede da *startup*
31. Quem administrará a sociedade
32. Formas de exclusão de um sócio

Principais contratos firmados por uma *startup*

1. Memorando de entendimentos
2. Confidencialidade (NDA)
3. Estatuto ou contrato social
4. Contratos de parcerias
5. Contrato com fornecedores
6. *Term sheet*
7. Mútuo conversível
8. Com prestadores de serviço
9. Contrato com programadores
10. Termo de uso
11. Política de privacidade
12. Programas de aceleramento
13. Contrato de trabalho
14. Acordo de investimento
15. Compra/venda de ações
16. Acordo de quotistas/acionistas
17. SAAS (*software as a service*)
18. Para prestação de serviços
19. *Vesting*
20. Representação comercial

(Quadro 3.1 – conclusão)

Considerações para escolha do tipo societário de sua *startup*

1. Necessidade ou não de investimento
2. Objeto social
3. Escolha do regime tributário adequado
4. Para empreender sozinho (MEI/EIRELI)
5. Para empreender com sócios (LTDA./sociedade anônima/SCP/SPE)

Fonte: Teixeira; Lopes, 2020, p. 116.

Quadro 3.2 – Pontos de atenção de uma startup quanto aos aspectos legais

Questões trabalhistas importantes

1. Vínculo empregatício
2. Terceirização
3. Pejotização
4. Contratos de trabalho
5. Remuneração
6. Encargos trabalhistas
7. Proteção PI *software*

Proteção à propriedade intelectual

1. Propriedade industrial
2. Segredos de negócio
3. Direito autoral
4. Criação de prova de antenoridade
5. Registro da marca
6. Patente de tecnologia
7. Registro de *software*
8. Nomes de domínio

(continua)

(Quadro 3.2 – conclusão)

Relações com investidores

1. Regras de diluição
2. Rodadas de investimentos
3. Acordo de confidencialidade (NDA)
4. *Term sheet*
5. *Due diligence* (auditoria jurídica)
6. Contrato de mútuo conversível
7. Acordo de investimento/participação
8. Compra/venda de ações
9. Acordo de quotistas/acionistas
10. Exclusividade (no shop provision)

Objeto da atividade empresarial

1. *Core business*
2. Deverá ser lícito, possível e determinado
3. Descrito com precisão
4. Não deve ser contrário aos bons costumes
5. Influência nas opções tributárias da *startup*

Aspectos tributários essenciais

1. Planejamento tributário
2. Gestão e *governança* tributária
3. Regimes tributários:
    1. Simples nacional
    2. Lucro presumido
    3. Lucro real

Fiscalização e autorização (Rol exemplificativo)

1. Bacen
2. Anvisa
3. Exército Brasileiro
4. Prefeituras
5. SMIC
6. Sisnama

Fonte: Teixeira; Lopes, 2020, p. 116.

Essas orientações servem como importante guia para posteriores tomadas de decisão, pois apresentam todos os pontos de atenção, especialmente jurídicos, para a constituição de uma startup.

— 3.2 —
Fase de formação de uma startup

Após as fases iniciais, finalmente surge o momento mais importante do ciclo de vida de uma startup, que é justamente a fase de formação, momento em que o produto ou o serviço são apresentados ao mercado para testar sua aceitação, o que costuma-se chamar de *validação do produto ou do serviço*. É nesse momento que finalmente os empreendedores devem compreender a importância da criação de uma pessoa jurídica, já que será necessário obter alvarás, celebrar contrato, emitir notas fiscais etc. (Rodrigues, 2019).

Nessa fase de formação, os empreendedores passam a organizar a venda do produto ou do serviço. Como explica Lucas Lima (2019):

> Ocorre que a maioria dos problemas desta modalidade empreendedora é ocasionada através de desavenças entre os sócios. No panorama nacional, verifica-se que a maioria dos empreendedores necessita de um time para desenvolver a ideia inovadora, sendo que o registro da empresa, tendo em vista os

altos custos iniciais para investimento, ainda não é pauta principal para aplicação. Neste panorama, o caminho mais rentável para o prosseguimento das ideias e do engatinhar inicial da Startup é a elaboração do Memorando de Entendimento entre os sócios, também conhecido como Memorandum of Understanding – MOU.

É nessa etapa que deve ser celebrado o memorando pré-constituição para regular a relação entre os sócios fundadores entre si, assunto que será abordado a seguir.

— 3.2.1 —
Acordo de pré-constituição da startup

A fim de que fiquem claros os deveres e os direitos entre os sócios fundadores da startup, deve ser firmado o denominado *Memorando de Entendimentos*, que é um documento preliminar em que se estipulam as principais condições da sociedade que se inicia. É importante que tal documento seja formalizado ainda na fase de criação da startup, justamente por tratar-se de um guia para futuras e eventuais discussões que surjam entre os sócios fundadores da empresa (Falcão, 2017).

Fato é que, como bem colocam Júdice e Nybo (2016, p. 131):

> A constituição de uma sociedade desde o início da startup muitas vezes apresenta-se inviável pois resulta na aplicação de recursos para a criação de uma estrutura muitas vezes

considerada desnecessária no estágio nascente da startup, quando estes poderiam ser melhor utilizados se focados no produto ou serviço a ser oferecido ao mercado.

Daí a importância e a necessidade da criação do memorando ou acordo de pré-constituição da startup.

Assim, o contrato preliminar é o momento de entendimentos de pré-constituição, o qual objetiva "a celebração de um contrato definitivo, qual seja, o ato constitutivo por meio do qual se incorporará a startup" (Júdice; Nybo, 2016, p. 29). Esse contrato preliminar, no entanto, "não resultará na criação de uma empresa para fins de registro em quaisquer órgãos públicos e também não gerará personalidade jurídica para a startup", apenas servindo "para reger as relações entre os futuros sócios e é elaborado para evitar custos na fase de estruturação do negócio" (Júdice; Nybo, 2016, p. 29).

Para que se possa afirmar que o memorando de pré-constituição cumpriu adequadamente seu papel, seu conteúdo deve ser capaz de responder, de maneira bastante clara e objetiva, algumas questões, como: Qual o projeto dos sócios fundadores? Quais serão as contribuições de cada um dos sócios para a consecução de tal projeto? Como serão tomadas as decisões? Em que momento e sob quais condições serão admitidos novos sócios e/ou investidores na sociedade? (Rodrigues, 2019).

Conteúdo mínimo sugerido para o memorando de pré-constituição de uma startup

Nas linhas que seguem, traremos algumas orientações para o conteúdo mínimo de um acordo de pré-constituição de uma startup, razão pela qual citamos as observações de Amanda Visentini Rodrigues (2019, p. 24-25):

A) Definição clara e precisa do projeto a ser desenvolvido;

B) Obrigações, direitos e contribuições de cada um dos sócios empreendedores em todas as fases do desenvolvimento do negócio;

C) Participação acionária de cada um dos sócios fundadores na futura sociedade, bem como a participação dos lucros e a forma de dividendos;

D) Regras de governança e de tomada de decisões, tais como determinação de quóruns de aprovação de determinadas matérias;

E) Qual será o fato ou o evento que será considerado como marco temporal para a constituição forma da sociedade;

F) Momentos em que serão necessárias as captações de recursos no mercado e a forma como tais investimentos poderão ser realizados na startup;

G) Hipóteses e condições para admissão de sócios investidores, bem como percentuais de diluição que os sócios fundadores concordam e, sofrer em razão da aquisição acionária pelos investidores;

H) Prazo mínimo de permanência dos sócios empreendedores na sociedade;

I) Formas e meios de liquidação e pagamento da participação detida pelo sócio que deseje retirar-se do empreendimento;

J) Cláusula de confidencialidade e de não competição.

Note-se que tais informações são imprescindíveis para a solução amigável de eventuais problemas entre os empreendedores. É importante esclarecer, porém, que, não obstante uma das principais características quando se constitui uma startup seja a informalidade, quem desejar empreender deve atentar para o fato de que **uma startup também estará sujeita às normas legais**, pois se trata de uma empresa e, como tal, podem surgir conflitos nesse âmbito no decorrer de suas atividades (Rodrigues, 2019).

— 3.3 —

Fase de consolidação de uma startup

A fase de consolidação é a mais esperada pelo empreendedor em uma startup, pois é nela que ocorre a expansão do negócio e a consolidação perante o mercado consumidor. Nessa fase, assim como na fase de formação, é mais provável que terceiros tenham interesse em investir no negócio, tornando-se mais fácil a captação de investimentos e, consequentemente, o crescimento da atividade em larga escala (Rodrigues, 2019).

— 3.3.1 —
Financiamento das startups

O investimento em uma startup, pela própria natureza e características dessas fontes de inovação, conta com um elevado nível de incertezas. Nesse sentido, a lógica do investidor deve levar em consideração a estrutura de risco e retorno típica do ecossistema de uma startup.

São variadas as formas de financiamento e investimento da atividade de uma startup, seja esse investimento oriundo dos próprios sócios, seja ele advindo de investidores externos. Como observa Falcão (2017), na fase inicial, de descoberta, por exemplo, é comum a utilização na startup do dinheiro dos sócios fundadores ou de pessoas muito próximas, amigos e familiares, que estejam dispostos a ajudar.

Quanto ao financiamento das startups, é preciso analisar as espécies de investidores e de investimentos. Oioli, Ribeiro Jr. e Lisboa (2019) lembram que três aspectos precisam ser observados quando se trata do investimento em startups. Segundo os autores, uma primeira perspectiva relevante a ser considerada no âmbito do financiamento de startups é a expectativa de risco e retorno inerentes a cada tipo de investidor (Oioli; Ribeiro Jr.; Lisboa, 2019).

Outro dado a ser considerado com relação ao financiamento externo das startups é que esse investimento pressupõe a saída dos recursos investidos, ou seja, o retorno do capital ao investidor. Por fim, o terceiro aspecto abordado pelos autores é o montante do investimento realizado de acordo com o tipo de investidor. É comum, por exemplo, que aqueles que investem em fases mais avançadas do desenvolvimento da startup façam um aporte maior do que aquele feito por investidores em fases iniciais, situação que pode gerar consequências que precisam ser analisadas com cuidado durante o estudo das startups (Oioli; Ribeiro Jr.; Lisboa, 2019).

Analisaremos a seguir os modos de investimentos em startups: a) *Love capital*; b) capital semente; c) *venture capital*; d) fundos *private equity*; e e) abertura de capital.

Love capital: a ajuda da família, dos amigos e o dinheiro dos próprios sócios

Quando inicia sua atividade, costumeiramente o empreendedor conta com a ajuda financeira de amigos, família e alguns poucos sócios, espécie de investimento chamado de *love capital*. Esse tipo de investimento tem como característica principal a existência de uma relação pessoal entre o investidor e o empreendedor, o que pode dificultar, a longo prazo, a manutenção exclusiva de tal tipo de injeção financeira (Falcão, 2017).

Sobre essa primeira fonte de investimentos em startups, Oioli, Ribeiro Jr. e Lisboa (2019, p. 102), citando Kotha e George, explicam que "empreendedores se valem de relacionamentos sociais para aconselhamento, suporte e encorajamento, mas também para obter recursos a fim de financiar novos negócios". Para os autores, nessa fase os empreendedores preferem negociar com quem tenham alguma relação social, familiar ou profissional:

> Isso se justificaria por quatro motivos principais: em primeiro lugar, a existência de prévio relacionamento social familiar ou profissional confere uma maior previsibilidade sobre o comportamento da contraparte; em segundo lugar, o curso da obtenção de informações a respeito da contraparte é mais baixo; em terceiro lugar, o curso de fiscalização do comportamento destes indivíduos, caso venham a integrar o time da *startup*, é baixo, pois a existência de prévio relacionamento cria pressão moral que previne comportamentos oportunistas. O quarto motivo é o fato de que tais agentes tendem a realizar investimentos em startups de empreendedores com quem possuem prévio relacionamento sem realizar uma análise preliminar de curso benefício, o que é muito importante num contexto de investimento de altíssimo risco e chance preponderante de perda da totalidade do capital investido. (Oioli; Ribeiro Jr.; Lisboa, 2019, p. 102)

Oioli, Ribeiro Jr. e Lisboa (2019) observam ainda que Nielsen, quando se refere ao recebimento de aportes advindos da família e de amigos, recomenda que o empreendedor evite alguns erros, elencados a seguir:

i) Não explicar ao investidor a natureza dos riscos do investimento realizado, ou receber recursos de quem não pode perdê-los total ou parcialmente,

ii) Não explicar ao investidor a iliquidez do investimento, isto é, a impossibilidade de devolução dos recursos por um período substancial de tempo;

iii) Tomar os recursos como um empréstimo e não como participação societária, o que pode dificultar o seu pagamento, caso o negócio seja malsucedido, ou prejudicar o investidor, caso o negócio seja bem-sucedido; ou

iv) Realizar o investimento via participação societária, mas com base em uma avaliação da investida (*valuation*) muito otimista, o que gerará uma desvalorização da participação adquirida em rodadas de investimentos subsequentes. (Oioli; Ribeiro Jr.; Lisboa, 2019, p. 102)

Vale também observar que, embora essas espécies de investimento tendam a seguir alguma informalidade, é importante que o sócio empreendedor formalize o investimento na medida do possível.

Capital semente: incubadoras, investidores-anjos e aceleradoras

Ainda sobre o tema do financiamento das startups, importante tratar das incubadoras, das aceleradoras de investimentos e dos chamados *investidores-anjos*. Todas essas entidades são responsáveis pelo investimento do denominado *capital semente*, que nada mais é do que o capital inicial para a atividade da startup, e que não necessariamente será um investimento de capital, mas sim, muitas vezes, a cessão de um espaço de trabalho, a concessão de mentorias na definição dos rumos do negócio, entre outras possibilidades.

Segundo Cohen e Hochberg (2014), as incubadoras se destacam por assumirem um papel de proteção da empresa nascente, promovendo condições para que a startup sobreviva em seus estágios iniciais mediante a utilização de recursos da própria incubadora, não apenas de natureza financeira, mas envolvendo o uso de suas instalações, consultoria, serviços compartilhados, entre outros.

As aceleradoras, por sua vez, atuam por pouco tempo com a startup e auxiliam os empreendedores a identificarem nichos de consumidores, fornecendo espaço de trabalho, mentoria, contato com empresários, enfim, todo um *networking* necessário no início da atividade (Abreu; Campos Neto, 2016).

Interessante explicação sobre o fenômeno das startups e suas condições de financiamento é apresentada por Abreu e Campos Neto (2016). De modo a simplificar a compreensão de todo o procedimento que envolve o financiamento de uma startup, a importância de uma incubadora e de uma aceleradora, os autores comparam as startups a foguetes, em que as startups são compostas pelos fundadores – que seriam os comandantes – e por uma equipe – que seria a tripulação, atuando por meio de recursos limitados e um plano de voo – que seria o modelo de negócio (Abreu; Campos Neto, 2016).

Como bem explicam os autores:

> Na grande maioria das vezes, o plano de voo não está bem detalhado, não por culpa dos comandantes ou da tripulação, mas porque o ambiente não permite. O destino exato da missão é incerto e, ao longo dela, diversos ajustes serão necessários conforme os acontecimentos. É aí onde entram as Incubadoras e, mais recentemente, as Aceleradoras. Ambas atuam, basicamente, auxiliando tanto na construção de um bom plano de voo como no desenvolvimento do foguete, fornecendo o espaço (e.g. *coworking*), as ferramentas (e.g. servidores), o conhecimento (e.g. formação) e/ou o combustível (capital) para que o projeto tenha mais chances de sucesso. (Abreu; Campos Neto, 2016, p. 7)

E, diferenciando as aceleradoras das incubadoras, prosseguem os autores de maneira bastante didática:

> Dentro da curva de maturidade de cada negócio, as Aceleradoras buscam Startups cujos planos de voo estejam mais delineados, que possuam um foguete com boas condições de voo, ou que já tenha alçado voos experimentais e, principalmente, compostas por uma excelente tripulação, com condições de realizar toda a viagem, passar por diversas turbulências, ou até mesmo mudanças de rota (i.e. pivotagem), tudo isso dentro de um processo de curta ou curtíssima duração. (Abreu; Campos Neto, 2016, p. 7)

Já as incubadoras trabalham com startups cujas ideias estejam ainda em um plano mais embrionário, ou seja, nas fases iniciais, fornecendo acesso a parques tecnológicos que auxiliem na maturação do negócio e no desenvolvimento de um plano de atividades mais seguro (Abreu; Campos Neto, 2016).

Assim, de maneira bastante simples, os autores nos mostram que, embora as aceleradoras e as incubadoras desempenhem atividades muito parecidas, as incubadoras, uma vez que acompanham as startups desde os seus períodos mais iniciais, acabam observando de perto, e por mais tempo, o desenvolvimento das atividades desses empreendedores (Abreu; Campos Neto, 2016).

Outra forma de investimento que pode ocorrer nas fases iniciais de desenvolvimento da startup é a atuação do chamado *investidor-anjo* (Oioli, 2019). Os investidores-anjo são indivíduos que já foram empreendedores bem-sucedidos ou profissionais com experiência em investimentos que oferecem aos fundadores da startup, além de recursos financeiros, sua contribuição pessoal para o negócio, na forma de aconselhamento, conhecimentos técnicos específicos e acesso à rede de contatos do investidor[1].

Venture capital e private equity

Passadas as fases iniciais do desenvolvimento da startup, e caso a ideia inicial da startup seja bem-sucedida, torna-se importante

---

1 Sobre o tema, acesse: <https://www.anjosdobrasil.net/> (Anjos do Brasil, 2022).

buscar investimentos e novos investidores para tornar viável a operação de desenvolvimento do produto a fim de colocá-lo no mercado em maior escala (Falcão, 2017).

Metrick e Yasuda (citados por Oioli; Ribeiro Jr.; Lisboa, 2019, p. 111) afirmam que o *venture capital* tem cinco características distintivas:

> i) é um intermediário financeiro, captando recursos de investidores e investindo em startups;
>
> ii) investe apenas em sociedades que não são companhias abertas, ou seja, não é possível vender os títulos adquiridos da empresa investida em um mercado secundário;
>
> iii) adotam postura ativa de monitoramento e participação na gestão das investidas;
>
> iv) seu objetivo principal é maximizar o retorno financeiro do investimento por meio de uma saída via venda da participação ou IPO; e
>
> v) investe para financiar o crescimento orgânico da investida.

Geralmente, nessa etapa, os investimentos são feitos por fundos de *private equity*. Assim, constrói-se um produto ou serviço vencedor, organiza-se uma boa equipe, em muitos casos com contratação de novos talentos, busca-se o aumento das vendas, às vezes com publicidade, fortalece-se a tecnologia e o suporte ao cliente.

Nessa fase do negócio, é comum que surjam novos investidores, empresas de capital de risco que tenham por costume investir em startups quando estas já estão mais maduras no mercado, como é o caso, por exemplo, da CRP, FIR Capital, GP investimentos, Rio Bravo etc. (Falcão, 2017).

— 3.3.2 —
Financiamento segundo o Marco Legal das Startups

O Marco Legal das Startups – instituído pela Lei Complementar n. 182, de 1º de junho de 2021 (Brasil, 2021) – preocupou-se com o incentivo e com os instrumentos de investimentos nas startups, a fim de incentivar tais investimentos imprescindíveis para o sucesso do empreendimento. Afinal, investir ou não?

Como explica Rodrigo de Abreu Pinto (2021), o segundo princípio do marco, listado no art. 3º, inciso II, da Lei Complementar n. 182/2021, estabelece como diretriz o "incentivo à constituição de ambientes favoráveis ao empreendedorismo inovador, com valorização da segurança jurídica e da liberdade contratual como premissas para a promoção do investimento e do aumento da oferta de capital direcionado a iniciativas inovadoras" (Brasil, 2021). Sobre os riscos de investir em uma startup, sempre é preciso considerar o risco de inovação e o risco de cliente, conforme consta na figura a seguir.

Figura 3.3 – Startups e riscos

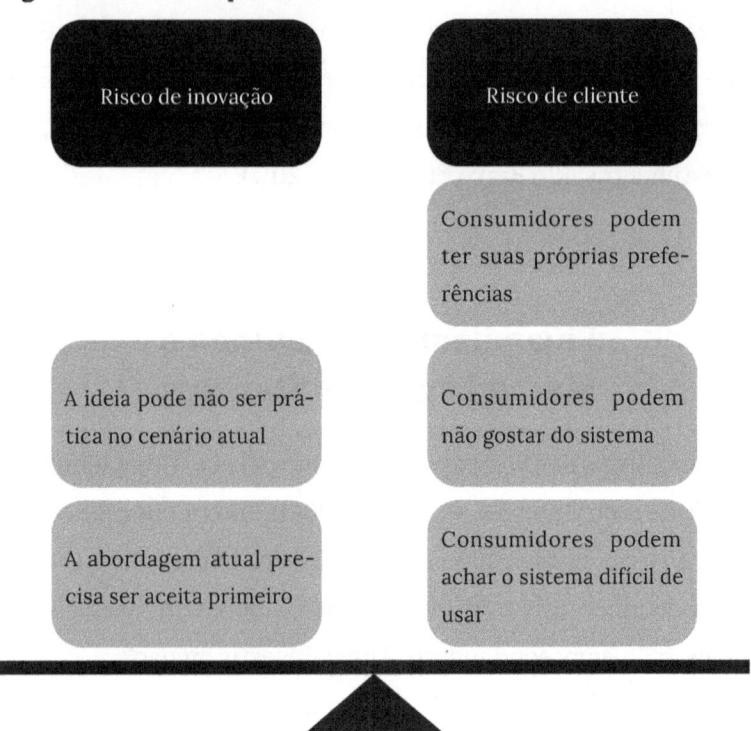

Risco de inovação	Risco de cliente
	Consumidores podem ter suas próprias preferências
A ideia pode não ser prática no cenário atual	Consumidores podem não gostar do sistema
A abordagem atual precisa ser aceita primeiro	Consumidores podem achar o sistema difícil de usar

Fonte: Pires, 2020, p. 49.

O Marco Legal das Startups tem o mérito de valorizar a liberdade contratual e também a segurança jurídica, deixando-se, então, de lado aquele ambiente de insegurança com investidores e empreendedores que sempre foi uma das características mais fortes da constituição de uma startup. Como bem explica Pinto (2021), essa segurança se deve à

> listagem dos diferentes instrumentos de investimento usados no ecossistema de inovação do país: a opção de compra,

a opção de subscrição, a debênture conversível, a sociedade em conta de participação, o contrato de participação da Lei Complementar 123/2006 e o mútuo conversível – todos esses instrumentos já utilizados com frequência, muito embora em contratos atípicos que oferecem menos segurança jurídica (art. 5º).

Vale ressaltar que o próprio autor aqui citado lembra que a lista de instrumentos de investimento na inovação é meramente exemplificativa. Pinto (2021) também afirma que, nos termos do art. 8º, inciso II, do Marco Legal, investidores podem ser considerados sócios apenas após a conversão do instrumento de aporte em formal participação societária, o que garante que, antes de tal ato, o investidor não responda pelas dívidas da empresa, inclusive em casos de recuperação judicial.

Comentando especificamente o disposto na nova legislação, vale transcrever o disposto no art. 5º:

> Art. 5º As startups poderão admitir aporte de capital por pessoa física ou jurídica, que poderá resultar ou não em participação no capital social da startup, a depender da modalidade de investimento escolhida pelas partes.
>
> § 1º Não será considerado como integrante do capital social da empresa o aporte realizado na startup por meio dos seguintes instrumentos:
>
> I – contrato de opção de subscrição de ações ou de quotas celebrado entre o investidor e a empresa;

II – contrato de opção de compra de ações ou de quotas celebrado entre o investidor e os acionistas ou sócios da empresa;

III – debênture conversível emitida pela empresa nos termos da Lei nº 6.404, de 15 de dezembro de 1976;

IV – contrato de mútuo conversível em participação societária celebrado entre o investidor e a empresa;

V – estruturação de sociedade em conta de participação celebrada entre o investidor e a empresa;

VI – contrato de investimento-anjo na forma da Lei Complementar nº 123, de 14 de dezembro 2006;

VII – outros instrumentos de aporte de capital em que o investidor, pessoa física ou jurídica, não integre formalmente o quadro de sócios da startup e/ou não tenha subscrito qualquer participação representativa do capital social da empresa.

§ 2º Realizado o aporte por qualquer das formas previstas neste artigo, a pessoa física ou jurídica somente será considerada quotista, acionista ou sócia da startup após a conversão do instrumento do aporte em efetiva e formal participação societária.

§ 3º Os valores recebidos por empresa e oriundos dos instrumentos jurídicos estabelecidos neste artigo serão registrados contabilmente, de acordo com a natureza contábil do instrumento. (Brasil, 2021)

Ainda determina a legislação, em seu art. 6º, que: "A Comissão de Valores Mobiliários (CVM) estabelecerá em regulamento as regras para aporte de capital na forma do art. 5º desta Lei

Complementar por parte de fundos de investimento" (Brasil, 2021), e o art. 8º estabelece o seguinte:

> Art. 8º O investidor que realizar o aporte de capital a que se refere o art. 5º desta Lei Complementar:
>
> I – não será considerado sócio ou acionista nem possuirá direito a gerência ou a voto na administração da empresa, conforme pactuação contratual;
>
> II – não responderá por qualquer dívida da empresa, inclusive em recuperação judicial, e a ele não se estenderá o disposto no art. 50 da Lei nº 10.406, de 10 de janeiro de 2002 (Código Civil), no art. 855-A da Consolidação das Leis do Trabalho (CLT), aprovada pelo Decreto-Lei nº 5.452, de 1º de maio de 1943, nos arts. 124, 134 e 135 da Lei nº 5.172, de 25 de outubro de 1966 (Código Tributário Nacional), e em outras disposições atinentes à desconsideração da personalidade jurídica existentes na legislação vigente.
>
> Parágrafo único. As disposições do inciso II do caput deste artigo não se aplicam às hipóteses de dolo, de fraude ou de simulação com o envolvimento do investidor. (Brasil, 2021)

Como forma de incentivo ao investimento em startups, nos termos do art. 9º,"

> Art. 9º As empresas que possuem obrigações de investimento em pesquisa, desenvolvimento e inovação, decorrentes de outorgas ou de delegações firmadas por meio de agências reguladoras, ficam autorizadas a cumprir seus compromissos com aporte de recursos em startups por meio de:

I – fundos patrimoniais de que trata a Lei nº 13.800, de 4 de janeiro de 2019, destinados à inovação, na forma do regulamento;

II – Fundos de Investimento em Participações (FIP), autorizados pela CVM, nas categorias:

a) capital semente;

b) empresas emergentes; e

c) empresas com produção econômica intensiva em pesquisa, desenvolvimento e inovação; e

III – investimentos em programas, em editais ou em concursos destinados a financiamento, a aceleração e a escalabilidade de startups, gerenciados por instituições públicas, tais como empresas públicas direcionadas ao desenvolvimento de pesquisa, inovação e novas tecnologias, fundações universitárias, entidades paraestatais e bancos de fomento que tenham como finalidade o desenvolvimento de empresas de base tecnológica, de ecossistemas empreendedores e de estímulo à inovação. (Brasil, 2021)

Observamos, assim, a importância dada pelo Marco Legal das Startups à regulamentação das formas de investimentos, o que traz segurança jurídica tanto para empreendedores quanto para investidores e serve de incentivo ao surgimento de novas empresas no mercado.

Capítulo 4

Aspectos societários da constituição das startups

A startup é uma forma inovadora de empreendimento que, em algum momento, demandará formalização jurídica – e, portanto, a constituição de uma pessoa jurídica. Assim, importa tratar a seguir dos aspectos societários que envolvem a constituição e a formalização de uma startup, de acordo com as regras do direito empresarial brasileiro.

Lembre-se de que o art. 45 do Código Civil – Lei n. 10.406, de 10 de janeiro de 2002 (Brasil, 2002) – afirma que a existência legal das pessoas jurídicas de direito privado começa com a inscrição de seu ato constitutivo no registro competente. Destarte, a sociedade apenas adquire personalidade jurídica com o registro de seus atos constitutivos perante as juntas comerciais ou os cartórios de registro, a depender da constituição societária adotada pelos empreendedores.

É a partir da criação da pessoa jurídica que se faz a separação entre o patrimônio dos sócios e o patrimônio do empreendimento, segundo o que explica Fábio Ulhoa Coelho (2010, p. 247),

> O instituto da pessoa jurídica é uma técnica de separação patrimonial. Os membros dela não são os titulares dos direitos e obrigações imputados à pessoa jurídica. Tais direitos e obrigações formam um patrimônio distinto do correspondente aos direitos e obrigações imputados a cada membro da pessoa jurídica.

Nesse sentido, o art. 981 do Código Civil (Lei. n. 10.406/2002) expõe que: "Celebram contrato de sociedade as pessoas que reciprocamente se obrigam a contribuir, com bens ou serviços, para o exercício de atividade econômica e a partilha, entre si, dos resultados" (Brasil, 2002).

Por sua vez, Coelho (2009) utiliza a denominação *sociedade empresária*, correspondendo a pessoa jurídica ao agente econômico organizador da empresa. Fato é que, independentemente do conceito que se tenha de empresa e empresário, o direito empresarial deve sempre regulamentar ou abarcar as inovações que a tecnologia pode gerar. Nesse sentido, vale transcrever a lição de Rachel Sztajn (2005, p. 5), que assim se manifesta:

> A dinâmica do Direito Comercial diverge daquela aplicada ao direito comum na medida em que o comércio está em constante mudança, inova e requer flexibilidade de instrumentos sem o que o desenvolvimento econômico será tolhido. Por isso que, para facilitar a circulação de bens e serviços que satisfaçam necessidades sociais, – novas demandas dos agentes econômicos, decorrentes, ou não, de avanços tecnológicos –, são criados novos instrumentos e/ou estruturas que, incorporados aos usos e costumes, ao gerarem confiança, se consolidam e podem ser recepcionados pelo legislador que os positiva.

Assim, é de se observar que o momento de formalização da pessoa jurídica na evolução das fases de criação da startup exige extrema atenção por parte dos empreendedores. Nybo (2016, citado por Feigelson; Nybo; Fonseca, 2018) reforça esse entendimento ressaltando que "a ansiedade dos empreendedores em operacionalizar sua ideia não pode superar a necessidade de organização do relacionamento a ser estabelecido entre eles".

— 4.1 —
Classificações das espécies societárias previstas na legislação brasileira

Conforme já exposto anteriormente, o momento de formalização da atividade da startup é de extrema relevância. É importante que o profissional do direito que dará assistência aos empreendedores tenha em mente que tais pessoas estão comprometidas com a inovação e com a criatividade de sua empresa, as quais se esquecem, muitas vezes, de aspectos jurídicos importantes para o desenvolvimento de sua atividade.

Assim, iniciamos adiante a abordagem do tema da formação da pessoa jurídica no caso das startups. Para introduzir o assunto, é importante fazer uma pequena exposição sobre os tipos societários vigentes no ordenamento jurídico brasileiro.

Esclarecemos apenas que o intuito aqui não é aprofundar as espécies societárias e suas características, mas apenas aproximar as figuras societárias da realidade das startups.

— 4.1.1 —
Classificação conforme a personalidade jurídica

Quanto à personalidade jurídica, uma sociedade será *personificada* ou *não personificada*. Como é sabido, algumas espécies societárias são consideradas não personificadas exatamente porque lhes falta personalidade jurídica. As sociedades não personificadas estão previstas no art. 981 do Código, que prevê: "Celebram contrato de sociedade as pessoas que reciprocamente se obrigam a contribuir, com bens ou serviços, para o exercício de atividade econômica e a partilha, entre si, dos resultados" (Brasil, 2002).

— 4.1.2 —
Classificação conforme a atividade

No que se refere à atividade desenvolvida por uma sociedade, podem elas classificar-se em *sociedades simples* e *sociedades empresárias*. Consoante explica Amanda Visentini Rodrigues (2019), da interpretação conjunta dos arts. 982[1] e 966[2] do

---

1 "Art. 982. Salvo as exceções expressas, considera-se empresária a sociedade que tem por objeto o exercício de atividade própria de empresário sujeito a registro (art. 967); e, simples, as demais. Parágrafo único. Independentemente de seu objeto, considera-se empresária a sociedade por ações; e, simples, a cooperativa" (Brasil, 2002).

2 "Art. 966. Considera-se empresário quem exerce profissionalmente atividade econômica organizada para a produção ou a circulação de bens ou de serviços. Parágrafo único. Não se considera empresário quem exerce profissão intelectual, de natureza científica, literária ou artística, ainda com o concurso de auxiliares ou colaboradores, salvo se o exercício da profissão constituir elemento de empresa" (Brasil, 2002).

Código Civil, constata-se que são sociedades empresárias aquelas que exercem atividade econômica, com a finalidade de gerar riquezas, ao passo que as sociedades simples não têm estrutura empresarial, e, portanto, na prática, ficam restritas às atividades intelectuais, de natureza artística, científica ou literária.

Sobre isso, segue contribuição de Rubens Requião (2009, p. 440):

> O que se pode concluir é que o espaço de atuação da sociedade simples é muito estreito, ligando-se à atividade intelectual, e assim, sem poder explorá-la diretamente, pois a sociedade deixa de ser simples caso a profissão intelectualizada seja exercida por intermédio da sociedade, constituindo-se, portanto, em elemento desta.

Essa diferenciação é fundamental no âmbito das responsabilidades dos sócios dessas figuras societárias, especialmente quando a finalidade econômica é relevante para a constituição da sociedade.

— 4.1.3 —
Classificação conforme o regime de responsabilidade

Essa classificação leva em consideração a responsabilidade patrimonial dos sócios das pessoas jurídicas. Nesse sentido, existem sociedades em que os sócios respondem de maneira ilimitada pelas dívidas da pessoa jurídica, inclusive com seu patrimônio pessoal, de modo solidário entre si e subsidiário com relação à pessoa jurídica. Tal situação é observada na redação do art. 1.024 do Código Civil brasileiro: "Os bens particulares dos sócios não podem ser executados por dívidas da sociedade, senão depois de executados os bens sociais" (Brasil, 2002).

Por outro lado, existem as sociedades de responsabilidade limitada, aquelas em que os sócios respondem com seu patrimônio pessoal até o limite de capital que tenham investido na sociedade.

Entre as sociedades de responsabilidade limitada, vale lembrar aqui empresa individual de responsabilidade limitada (Eireli). **Nas palavras de Teixeira e Lopes (2020, p. 48),**

> a EIRELI é um instituto jurídico parecido com uma sociedade limitada, mas tem apenas uma pessoa. Também se assemelha à figura do empresário individual, no entanto, com responsabilidade limitada deste empresário. Ou seja, a EIRELI é uma mistura do empresário individual e da sociedade empresária.

O regime societário que leva em consideração a responsabilidade dos sócios não é a única preocupação dos empreendedores, que também precisam observar a estrutura econômica de seu negócio.

— 4.1.4 —
Classificação conforme a estrutura econômica

Por fim, no que se refere à estrutura econômica, as sociedades podem apresentar-se como sociedades de pessoas ou sociedades de capital. Segundo Rodrigues (2019), as sociedades de pessoas são aquelas em que a figura pessoal de seus sócios e o relacionamento entre eles conferem grande destaque para o empreendimento, superando o próprio capital aportado individualmente. Para a citada autora, a maior parte das startups, em seus períodos iniciais, apresenta essa característica de pessoalidade.

Em oposição às sociedades de pessoas, existem as sociedades de capital, nas quais prepondera o valor aportado pelos sócios em detrimento de suas características pessoais (Rodrigues, 2019).

Quadro 4.1 – Tipos de sociedades de acordo com o Código Civil

QUADRO-RESUMO DAS SOCIEDADES			
Sociedades pelo CC	**Tipos**		**Detalhes**
Não personificada (Não inscritos: constituída de forma oral e documental, porém não registrada)	**Sociedade comum** (Sociedade de fato, sem registro)	No que for compatível, em ambas aplicam-se as disposições da Sociedade Simples	Os sócios respondem solidária e ilimitadamente pelas obrigações. Também conhecida como Sociedade Irregular.
	Sociedade em Conta de Participação		Um dos sócios é **Ostensivo** (empreendedor, dirige o negócio e assume todas as responsabilidades). Outros sócios são **Participantes**, apenas investidores.

(continua)

(Quadro 4.1 – conclusão)

QUADRO-RESUMO DAS SOCIEDADES		
Sociedades pelo CC	Tipos	Detalhes
Personificada (Legalmente constituída e registrada no órgão competente, passando a ser denominada pessoa jurídica)	**Empresária**[1] Atividade própria de empresário com registro na Junta Comercial	■ Sociedade em Nome Coletivo ■ Sociedade em Comandita Simples ■ Sociedade Limitada ■ Sociedade por Ações (Lei das S.A.) ■ Sociedade em Comandita por Ações (Lei das S.A.)
	Simples[2] Atividade de não empresário com registro no Cartório Civil	■ Sociedade Simples "Pura" ou Sociedade em Nome Coletivo ■ Sociedade em Comandita Simples ■ Sociedade Limitada ■ Cooperativa
	Cooperativas (Legislação Especial e CC)	■ Responsabilidade dos sócios limitada ■ Responsabilidade dos sócios ilimitada

[1] Quem exerce profissionalmente atividade econômica organizada para a produção ou circulação de bens ou de serviços.

[2] Quem exerce profissão intelectual de natureza científica, literária ou artística, ainda com auxílio de colaboradores, salvo se o exercício da profissão constituir elemento de empresa.

Fonte: Marion, 2019, grifo do original.

Como ilustrado, o Código Civil dispõe de diversas figuras empresariais, e, entre elas, há algumas que mais se enquadram às necessidades de uma startup, conforme passaremos a analisar a seguir.

— 4.2 —
Escolha do tipo societário pela startup

A distinção prevista na legislação e também na doutrina com relação às espécies societárias não é meramente didática. Na prática, a escolha do tipo societário pelo empreendedor gera inúmeros impactos diretos na atividade da empresa. Nesse sentido, a escolha do tipo societário para uma startup deve ser realizada com muito cuidado.

É preciso respeitar os interesses dos sócios, no entanto, sem comprometer as operações da empresa com um tipo societário que não se adeque à realidade da startup.

Assim, apresentaremos, na sequência, algumas orientações doutrinárias sobre os tipos societários mais comumente utilizados para a formação de uma startup. As lições são de Rodrigues (2019), que sistematizou a escolha do tipo societário para uma startup em tipos societários mais adotados e tipos societários menos adotados.

— 4.2.1 —
Tipos societários mais adotados

Vale dizer que os tipos societários mais utilizados pelos empreendedores de startups são: a) sociedade em conta de participação; b) Eireli; c) sociedade limitada; e d) sociedade anônima.

A **sociedade em conta de participação** é uma sociedade despersonificada, sendo-lhe dispensado o registro nos órgãos competentes, e, mesmo que tenha registro, ele não lhe confere personalidade jurídica, conforme regem os arts. 992 e 993[13] do Código Civil.

A **Eireli**, ou empresa individual de responsabilidade limitada, por sua vez, conforme Ramos (2021b), é uma alternativa para os empreendedores que pensam em iniciar o projeto sozinhos. Apesar da unipessoalidade, "a Eireli é dotada de patrimônio apartado do patrimônio de seus sócios, e consequentemente, a responsabilidade deste será limitada ao capital social aportado" (Ramos, 2021b).

No caso das startups, a Eireli é o tipo menos adotado, pois é comum que empreendedores somem esforços e recursos na fase inicial e, na fase de formação ou consolidação, busquem capital de terceiros e a participação de sócios investidores. De todo modo, nada impede que a startup inicialmente constituída como uma Eireli depois se transforme em outros tipos societários (Rodrigues, 2019).

Já as **sociedades limitadas**, ainda segundo Rodrigues (2019), são aquelas chamadas de *sociedades contratuais*, pois são constituídas por meio de um contrato social. Tais espécies empresariais são dotadas de três características principais:

---

3 "Art. 992. A constituição da sociedade em conta de participação independe de qualquer formalidade e pode provar-se por todos os meios de direito. Art. 993. O contrato social produz efeito somente entre os sócios, e a eventual inscrição de seu instrumento em qualquer registro não confere personalidade jurídica à sociedade" (Brasil, 2002).

- O capital social é dividido em quotas, subscritas e integralizadas pelos seus sócios;
- A responsabilidade dos sócios é limitada ao valor das quotas por ele subscritas;
- No entanto, todos os sócios respondem solidariamente pela integralização do capital social (Ramos, 2021b).

Conforme explica Rodrigues (2019, p. 18):

> De modo geral, pode-se afirmar que as sociedades limitadas são uma opção atrativa para a constituição de startups e início dos projetos pelos sócios empreendedores, dado que são sociedades que adotam um regime de limitação de responsabilidade de seus sócios, assim como as sociedades por ações, mas que contam com um processo de constituição e manutenção mais simples, menos burocrático e custoso em comparação a estas últimas.

E, por fim, outra espécie societária utilizada pelas startups são as **sociedades anônimas**. Para Spencer Vampré (citado por Tomazette, 2018, p. 513), uma sociedade anônima é "a sociedade, sem firma social, onde todos os sócios respondem somente pelo valor das ações, que subscrevem, ou que lhes são cedidas, as quais, por sua vez, podem ceder-se livremente". Para Tomazette (2018, p. 513), as principais características das sociedades anônimas são: "a natureza de sociedade de capitais, a divisão do capital social em ações, a responsabilidade limitada e, a natureza mercantil, agora atualizada para natureza sempre empresarial".

Segundo afirma Rodrigues (2019, p. 36), "essa modalidade societária é mais complexa e custosa do que as demais, o que pode torná-la menos atrativa para a constituição inicial da startup". Por outro lado, lembramos que a entrada de capital e obtenção de investimentos em uma S.A é um procedimento mais simples, bem como existe a possibilidade de emissão de debêntures como forma de obtenção de financiamento.

— 4.2.2 —
Tipos societários menos adotados

Entre todos os tipos societários previstos no Brasil, os menos adotados para a formalização de uma startup, em razão de não delimitarem as responsabilidades dos sócios, são: (i) sociedade em nome coletivo; (ii) sociedade em comandita simples; e (iii) cooperativas.

É o art. 1.039 do Código Civil que define a **sociedade em nome coletivo**. Da leitura de referido artigo, é possível concluir que todos os sócios respondem solidariamente: "Somente pessoas físicas podem tomar parte na sociedade em nome coletivo, respondendo todos os sócios, solidária e ilimitadamente, pelas obrigações sociais" (Brasil, 2002).

Em contrapartida, a **sociedade em comandita simples** conta com dois tipos de sócios: o sócio comanditado e o sócio comanditário. Segundo o art. 1.045 do Código Civil:

> Na sociedade em comandita simples tomam parte sócios de duas categorias: os comanditados, pessoas físicas, responsáveis solidária e ilimitadamente pelas obrigações sociais; e os comanditários, obrigados somente pelo valor de sua quota. (Brasil, 2002)

Por fim, outra forma de sociedade prevista em lei, mas **não utilizada** para a formalização de uma startup, são as **cooperativas**. Estas são sociedades de pessoas que se propõem, mediante cooperação de todos, a um fim econômico. Tais espécies societárias estão tratadas no Código Civil entre os arts. 1.093 e 1.096. O art. 1.094 apresenta as características de uma sociedade cooperativa, que aqui merecem menção:

> Art. 1.094. São características da sociedade cooperativa:
>
> I – variabilidade, ou dispensa do capital social;
>
> II – concurso de sócios em número mínimo necessário a compor a administração da sociedade, sem limitação de número máximo;
>
> III – limitação do valor da soma de quotas do capital social que cada sócio poderá tomar;
>
> IV – Intransferibilidade das quotas do capital a terceiros estranhos à sociedade, ainda que por herança;

V – *quorum*, para a assembleia geral funcionar e deliberar, fundado no número de sócios presentes à reunião, e não no capital social representado;

VI – direito de cada sócio a um só voto nas deliberações, tenha ou não capital a sociedade, e qualquer que seja o valor de sua participação;

VII – distribuição dos resultados, proporcionalmente ao valor das operações efetuadas pelo sócio com a sociedade, podendo ser atribuído juro fixo ao capital realizado;

VIII – indivisibilidade do fundo de reserva entre os sócios, ainda que em caso de dissolução da sociedade. (Brasil, 2002)

Apresentadas essas considerações, adiante veremos brevemente as características dos documentos existentes entre os sócios no caso de startups que adotem os modelos societários descritos anteriormente.

— 4.3 —
Contrato social, estatuto social e acordo entre sócios

Para o bom andamento das atividades da startup, não basta formalizar sua existência. É preciso que fiquem adequadamente delimitadas as responsabilidades dos sócios, a depender da espécie societária adotada. Júdice (2021) elenca os setes piores erros que podem ser cometidos entre os sócios de uma startup, entre os quais cita a importância de que os sócios discutam amplamente os direitos e os deveres de todos dentro do empreendimento. Segundo o autor, "se chamar amigos-do-peito para um projeto de negócio na maioria das vezes já é um erro (pois se considera tudo, menos a capacidade/habilidade daquela pessoa em desenvolver tal ou qual função) ainda pior é a falta de conversas sobre os direitos e deveres dos fundadores" (Júdice, 2021).

Seguem, portanto, algumas orientações a respeito dos principais documentos de constituição de uma sociedade empresária e que devem sempre ser consideradas pelos empreendedores envolvidos na criação de uma startup.

— 4.3.1 —
Contrato social

É muito importante que o contrato social de uma sociedade limitada seja bem redigido em qualquer circunstância, mas no que tange às startups, alguns cuidados devem ser tomados pelos sócios ou futuros sócios. Sugere-se que, nesse caso, não sejam utilizados contratos-padrão ou modelos de contratos sociais de outras empresas que não tenham a característica de uma startup. Como bem explica Rodrigues (2019, p. 38), "para ser válido, um contrato social deve observar os seguintes requisitos: i) os sócios devem ser capazes; ii) a forma prescrita em lei; e iii) o objeto social lícito".

— 4.3.2 —
Estatuto social

O estatuto social, instrumento típico das sociedades por ações, deve conter, necessariamente, a denominação social, o prazo de duração da sociedade, a sede, o capital social e a forma de administração.

Sobre essa questão, Gladston Mamede (2021, p. 117) afirma que:

> O estatuto definirá, de modo preciso e completo, o objeto da companhia, que pode ser qualquer empresa de fim lucrativo, desde que não seja contrária à lei, à ordem pública e aos bons costumes. Esse objeto pode ser, inclusive, participar de outras sociedades, ou seja, atuar como uma sociedade – ou empresa – de participações, comumente chamadas de holdings: companhias constituídas para titularizarem quotas ou ações de outras sociedades.

Vale lembrar que, em uma sociedade anônima, a responsabilidade patrimonial dos sócios limita-se ao valor integralizado em ações para o capital social, e, portanto, não há responsabilização solidária ou subsidiária do acionista por quaisquer obrigações da sociedade.

4.3.3
Acordo entre sócios

Como explica Ramos (2021a), "nas startups o acordo entre sócios têm papel fundamental para refletir as premissas acordadas entre os sócios fundadores no memorando de pré-constituição que não são relacionadas ao funcionamento da sociedade em si", mas sim "ao relacionamento dos empreendedores como sócios da startup, o que abrange as regras sobre negociação das participações detidas na startup, os mecanismos de solução de impasses, entre outros" (Rodrigues, 2019, p. 35).

O acordo de acionistas, conforme Ramos (2021a), é regulado pela Lei das Sociedades Anônimas (Lei n. 4.604/1976), que, em seu art. 118, prevê os seguintes requisitos: "i) Em relação é sociedade que esteja arquivado na sede social e que verse sobre compra e venda de suas ações, direito de preferência, exercício do direito a voto ou do poder de controle; ii) Em relação a terceiros, que esteja averbado no livro de ações da sociedade".

Rodrigues (2019, p. 40) observa, ainda, que "o acordo de acionistas deve trazer outras previsões importantes, como as hipóteses de quórum qualificado, forma de eleição de administradores, restrições à transferência e negociações de participações societárias, direito de preferência e direito de primeira oferta, dentre outras".

4.4
O Inova Simples e a facilitação para a constituição de uma startup

Diante da inovação que representa o nascimento de uma startup, restou à legislação buscar medidas aptas a desburocratizar seu processo de criação. Nesse sentido, o art. 65-A da Lei Complementar n. 123, de 14 de dezembro de 2006, com redação atribuída pela Lei Complementar n. 182/2021, determina que:

> Art. 65-A. Fica criado o Inova Simples, regime especial simplificado que concede às iniciativas empresariais de caráter incremental ou disruptivo que se autodeclarem como empresas de inovação tratamento diferenciado com vistas a estimular sua criação, formalização, desenvolvimento e consolidação como agentes indutores de avanços tecnológicos e da geração de emprego e renda. (Brasil, 2006; 2021)

O parágrafo 3º do mesmo dispositivo estabelece que a fixação de um rito sumário para a abertura e o fechamento de empresas nesse regime. *Rito sumário* é um procedimento que objetiva dar maior celeridade ao processo de criação da empresa por meio de ferramentais de desburocratização.

O Redesim (Rede Nacional para a Simplificação do Registro e da Legalização de Empresas e Negócios)[14], um instrumento instituído pela Lei Complementar n. 123/2006 e pela Lei n. 11.589/2007, não é exatamente novo, conforme Carvalho e Parchen (2021). Segundo esses autores: "Trata-se de um sistema que visa fazer a integração e simplificação de diversos aspectos concernentes a empresas, como seu registro, inscrição, alteração e baixa" (Carvalho; Parchen, 2021, p. 15).

Escobar (2020) lembra que:

> Do ponto de vista social e macroeconômico, o REDESIM tem como finalidade estabelecer duas frentes de benefício. Uma delas é a inclusão econômica e social através da atividade empresarial e da livre iniciativa, com apoio do Estado. A outra é desobstruir a atividade econômica e colaborar com o desenvolvimento do país a partir do incentivo à mesma. Assim, conferindo ao Brasil competitividade perante outras nações que oferecem condições similares aos seus cidadãos.
>
> O REDESIM foi instituído pela Lei Complementar 123/2006 e pela 11.598/2007. Esses dispõem sobre a garantia à livre iniciativa, assim como à proteção e apoio do Estado à:
> - empresa individual de responsabilidade limitada
> - empresa de pequeno porte
> - microempresa
> - microempresário e
> - microempreendedor.

---

4   Para saber mais, acesse: <https://blog.egestor.com.br/redesim/> (Escobar, 2020).

Sobre essa questão, afirma Silva (2021) que,

> para se valer dos benefícios do Inova Simples, a empresa em questão deve preencher apenas um requisito: ser uma startup. Para isso, a lei pontua que, entende-se por *startup* toda e qualquer empresa que possua caráter inovador, tecnológico, que fomente geração de empregos e que atue em caráter de incerteza, ou seja, que esteja exposta a riscos.

Parafraseando Pedro Henrique Escobar (2020), não podemos deixar de reconhecer que, se o Simples já foi um avanço considerável no sentido de facilitar a gestão tributária de empresas, o Redesim aperfeiçoou o sistema anterior e simplificou consideravelmente o registro e a constituição da atividade empresária.

Ainda sobre as inovações trazidas pelo Inova Simples, uma startup, segundo a Lei Complementar n. 182/2021, será toda empresa que apresente caráter tecnológico inovador e que, obviamente, tenha por característica a assunção de risco pelo empreendedor.

Vale lembrar, ainda, que uma startup pode ter natureza disruptiva, quando busca implementar um negócio inédito no mercado, ou ser incremental, ou seja, aquela que tem por objetivo aperfeiçoar processos já existentes. Independentemente, portanto, de seu perfil, uma startup pode enquadrar-se no regime do Inova Simples e ter seu registro facilitado, bastando, para isso, acessar o sistema Redesim e preencher o formulário com as informações pertinentes que o CNPJ (Cadastro Nacional de Pessoas Jurídicas) será automaticamente emitido.

Capítulo 5

Propriedade intelectual e aspectos trabalhistas em uma startup

Uma vez que as startups são empresas que tem como ativos mais preciosos a inovação e as ideias, é de se indagar sob quais aspectos é possível a proteção de sua propriedade intelectual. Trataremos, assim, neste tópico, da propriedade intelectual das startups.

Para Buainain e Carvalho (2000, p. 146):

> A intensidade do desenvolvimento científico e tecnológico, a redução dramática do tempo requerido para o desenvolvimento tecnológico e incorporação dos resultados ao processo produtivo; a redução do ciclo de vida dos produtos no mercado; a elevação dos custos de pesquisa e desenvolvimento e dos riscos implícitos na opção tecnológica, tudo isto criou uma instabilidade que aumenta a importância da proteção à propriedade intelectual como mecanismo de garantia dos direitos e de estímulo aos investimentos. Por outro, relativiza a eficácia dos instrumentos de proteção jurídica strictu sensu para assegurar a apropriação econômica do esforço de inovação, que em última análise determina a decisão de investimento das empresas.

Considerando que uma startup tem por diferencial justamente a inovação, é relevante que a propriedade intelectual de seus produtos e serviços recebam proteção, a fim de evitar que o produto seja copiado por outra empresa concorrente (Feigelson; Nybo; Fonseca, 2018).

Entretanto, segundo pesquisa produzida pelo Instituto Nacional da Propriedade Industrial (Inpi) no ano de 2019[1], responsável pela concessão dos direitos de propriedade intelectual, "das 2.478 startups identificadas, apenas 42% utilizam instrumentos de propriedade intelectual. Entre elas, o registro de marca é a ferramenta mais popular: 973 startups registraram 2.810 marcas no Inpi" (Sakkis, 2019). A mesma pesquisa mostra que "apenas 48 staturps buscaram patentes no Brasil, com 68 depósitos feitos ao Inpi, principalmente a partir de 2016" (Sakkis, 2019).

— 5.1 —
Principais aspectos jurídicos da proteção à propriedade intelectual

Segundo Fabiana Cristina Severi (2013, citada por Feigelson; Nybo; Fonseca, 2018), a proteção aos direitos intelectuais no Brasil abarca alguns grandes grupos de direitos, quais sejam:

> i) os direitos autorais (relativos às obras artísticas e científicas, dentre outros; ii) a propriedade industrial (que compreende as patentes, as marcas, modelos e desenhos industriais, as indicações geográficas, o segredo industrial e a repressão à concorrência; e iii) programas da computadores ou softwares.

---

[1] Sobre o comportamento das startups brasileira com relação à propriedade intelectual, veja: <https://noticias.portaldaindustria.com.br/listas/6-fatos-sobre-startups-e-propriedade-intelectual-no-brasil/> (Sakkis, 2019).

A propriedade industrial é regida na legislação brasileira pela Lei n. 9.279, de 14 de maio de 1996, e o conceito de propriedade industrial está previsto no art. 2º, que assim dispõe:

> A proteção dos direitos relativos à propriedade industrial, considerado o seu interesse social e o desenvolvimento tecnológico e econômico do País, efetua-se mediante:
>
> I – concessão de patentes de invenção e de modelo de utilidade;
>
> II – concessão de registro de desenho industrial;
>
> III – concessão de registro de marca;
>
> IV – repressão às falsas indicações geográficas; e
>
> V – repressão à concorrência desleal. (Brasil, 1996)

Entretanto, destacamos que a origem da proteção à propriedade industrial está na Constituição Federal de 1988, em seu art. 5º, inciso XXIX, que determina:

> XXIX – a lei assegurará aos autores de inventos industriais privilégio temporário para sua utilização, bem como proteção às criações industriais, à propriedade das marcas, aos nomes de empresas e a outros signos distintivos, tendo em vista o interesse social e o desenvolvimento tecnológico e econômico do País; [...]. (Brasil, 1988)

Para as startups, a maior preocupação com relação à propriedade industrial diz respeito à concessão de marcas e patentes, já que esta pode ser o diferencial competitivo de uma startup no mercado.

— 5.2 —
Marcas

Marca, segundo Denis Borges Barbosa (2008, p. 803), é todo "sinal visualmente representado, que é configurado para o fim específico de distinguir a origem de produtos e serviços". Ainda sobre referido conceito, o autor afirma: "Símbolo voltado a um fim, sua existência fática depende da presença desses dois requisitos: capacidade de simbolizar e capacidade de indicar uma origem específica, sem confundir o destinatário do processo de comunicação em que se insere: o consumidor" (Barbosa, 2008, p. 803).

Dispõe o art. 129 da Lei n. 9.279/1996 a respeito da propriedade da marca:

> Art. 129. A propriedade da marca adquire-se pelo registro validamente expedido, conforme as disposições desta Lei, sendo assegurado ao titular seu uso exclusivo em todo o território nacional, observado quanto às marcas coletivas e de certificação o disposto nos arts. 147 e 148.
>
> § 1º Toda pessoa que, de boa-fé, na data da prioridade ou depósito, usava no País, há pelo menos 6 (seis) meses, marca idêntica ou semelhante, para distinguir ou certificar produto ou serviço idêntico, semelhante ou afim, terá direito de precedência ao registro.

§ 2º O direito de precedência somente poderá ser cedido juntamente com o negócio da empresa, ou parte deste, que tenha direta relação com o uso da marca, por alienação ou arrendamento. (Brasil, 1996)

A marca, aliás, é o símbolo, o signo por meio do qual é reconhecida a atividade empresarial. Ela gera confiança entre os consumidores e o mercado, merecendo, portanto, proteção legal e controle quanto ao seu uso indevido.

— 5.3 —
Patentes

A obtenção de uma patente revela a maturidade e o desenvolvimento de um negócio. Na definição de Barbosa (2008, p. 335):

> Uma patente, na sua formulação clássica, é um direito, conferido pelo Estado, que dá ao seu titular a exclusividade da exploração de uma tecnologia. Como contrapartida pelo acesso ao público ao conhecimento dos pontos essenciais do invento, a lei dá ao titular da patente um direito limitado no tempo, no pressuposto de que é socialmente mais produtiva em tais condições a troca da exclusividade de fato (a do segredo da tecnologia) pela exclusividade do direito.

O sistema de patentes, no caso do Brasil, está fundamentado no art. 5º, inciso XXIX, da Constituição Federal:

XXIX – a lei assegurará aos autores de inventos industriais privilégio temporário para sua utilização, bem como proteção às criações industriais, à propriedade das marcas, aos nomes de empresas e a outros signos distintivos, tendo em vista o interesse social e o desenvolvimento tecnológico e econômico do País. (Brasil, 1988)

A Lei da Propriedade Industrial (LPI) – Lei n. 9.279/1996 –, por sua vez, define os requisitos para a obtenção de uma patente no país: "Art. 8º É patenteável a invenção que atenda aos requisitos de novidade, atividade inventiva e aplicação industrial" (Brasil, 1996).

— 5.4 —
Programas de computador

A proteção de *softwares* é realizada no Brasil, segundo Krieger (2010, p. 95), pelas "Leis nº 9.609 (lei de software) e nº 9.610 (lei de direitos autorais), ambas de 19 de fevereiro de 1998, estabelecendo nítida proteção à propriedade intelectual, por meio dos direitos autorais e conexos vigentes no país".

No Brasil, a proteção aos *softwares* é objeto das Leis n. 9.609/1998 e n. 9.610/1998 (Lei de Direitos Autorais).

Como explica Lukas Ruthes Gonçalves (2019, p. 20),

> uma das peculiaridades da proteção aos softwares é que ela fica em um limbo jurídico ao adotar tanto elementos da lei de

Propriedade Industrial quanto da lei de Direito do Autor, e, portanto, se dá tanto por meio de um registro no INPI, quanto por meio da comprovação da anterioridade, sendo ele protegido desde a sua criação.

No que se refere à startup, no desenvolvimento de *softwares*, inclusive de aplicativos, é importante destacar a relevância de contratos ou cláusulas de cessão de direitos. Segundo Gonçalves (2019, p. 20), tal importância se deve ao fato de que, no direito autoral é titular de determinada obra a pessoa física que a escreve, em coautoria ou não: "desse modo, deve-se ficar atento à inclusão de cláusula em contratos de trabalho ou de prestação de serviço que prevejam a cessão total dos direitos patrimoniais do software para o empregador ou contratante".

— 5.5 —
Facilidades para o registro de marcas e patentes de uma startup

O art. 65-A, parágrafo 7º, da Lei Complementar n. 123, de 14 de dezembro de 2006, cria um procedimento para que empresas enquadradas no Inova Simples possam, de maneira facilitada, pleitear o registro de marcas e patentes. Vejamos o texto da lei:

> § 7º No portal da Redesim, no espaço destinado ao preenchimento de dados do Inova Simples, será disponibilizado ícone que direcionará a ambiente virtual do Instituto Nacional da

Propriedade Industrial (INPI), do qual constarão orientações para o depósito de pedido de patente ou de registro de marca. (Brasil, 2006)

Já o parágrafo 8º do mesmo artigo rege que: "O exame dos pedidos de patente ou de registro de marca, nos termos deste artigo, que tenham sido depositados por empresas participantes do Inova Simples será realizado em caráter prioritário" (Brasil, 2006).

Nesse sentido, Carvalho e Parchen (2021, p. 19) explicam:

> Após a promulgação da LC 167/2019 muito se questionou se tal previsão se concretizaria efetivamente, uma vez que tal realidade ainda parecia distante para a maioria das Startups. Contudo no dia 22 de junho de 2020 foi aprovada a Portaria nº247 do INPI, que dentre diversos diplomas, trouxe a criação do Trâmite Prioritário para depositante Startup. Para tal, deverá o titular anexar ao pedido uma certidão emitida portal Redesim, indicando a denominação de empresa Inova Simples dentro dos termos da lei.

Os mesmos autores finalizam:

> Tudo indica que esse novo tramite prioritário para as empresas inovadoras será de muita importância em seu desenvolvimento e na criação geral de novas tecnologias dentro do país. Um sistema mais ágil e desburocratizado colocará o registro de marcas e patentes no radar dos empreendedores que estão

> inovando no mercado, além de que acelera seu processo de consolidação e facilitam sua comercialização. Resta saber se essa nova fila de tramitação no INPI será realmente efetiva e diminuirá o tempo de registro e concessão das marcas e patentes das *Startups*. (Carvalho; Parchen, 2021, p. 19)

Lembramos que desburocratizar qualquer atividade que envolva uma startup é uma forma de fomentar o crescimento econômico e incentivar a inovação e a criatividade dos jovens empreendedores.

— 5.6 —
Aspectos trabalhistas em uma startup

Consideradas as características de incerteza que envolvem uma startup, é muito comum que, no início de suas atividades, o empreendedor opte por não formalizar vínculos de natureza celetista com seus colaboradores. É certo que o fundador de uma startup precisa estar consciente de sua responsabilidade com a equipe que o cerca, mas, por outro lado, deve pensar em se proteger e também proteger o seu patrimônio.

Não raras, portanto, são as situações em que, em uma equipe de colaboradores de uma startup em fase inicial, não se formalizem contratos de trabalho. Todavia, devemos verificar o teor do disposto no art. 3º do Decreto-Lei n. 5.452, de 1º maio de 1943, que aprova a Consolidação das Leis do Trabalho (CLT):

> Art. 3º Considera-se empregado toda pessoa física que prestar serviços de na- tureza não eventual a empregador, sob a dependência deste e mediante salário. Parágrafo único. Não haverá distinções relativas à espécie de emprego e à condição de trabalhador, nem entre o trabalho intelectual, técnico e manual. (Brasil, 1943)

Independentemente da existência de um contrato de trabalho – presentes, na prática, os elementos de uma relação de emprego e considerando que, no direito do trabalho, existe o princípio de que prevalece a realidade sob a forma –, é fato que o fundador da startup, ao não formalizar contratos de trabalho com sua equipe, corre sérios riscos de enfrentar demandas em juízo.

— 5.7 —
Relação de trabalho e direitos dos trabalhadores

A CLT, em seu art. 3º, define os elementos característicos de uma relação de trabalho, quais sejam: (a) pessoalidade; (b) habitualidade; (c) onerosidade; e (d) subordinação. Significa, portanto, que, para que tenhamos uma relação de trabalho, o serviço deve ser realizado diretamente pela pessoa contratada, não pode ser prestado de modo eventual, deve ser devidamente remunerado e o empregado estará sujeito às ordens e determinações do empregador.

Segundo Roberta Yvon Fixel (2020), todo empregado no Brasil tem direito a algumas verbas básicas, que, para fins de entendimento do empreendedor, serão tratadas neste livro como "verbas-padrão" de todo vínculo empregatício. São elas:

> i) Férias: na proporção de trinta dias por ano trabalhado, sendo que o pagamento das férias corresponderá a 1 (um) salário do empregado mais 1/3 deste valor, conforme previsto em lei.
>
> ii) 13º salário: normalmente pago no mês de dezembro, diz respeito a uma bonificação de mais um salário depois de 12/12 meses trabalhados no ano, ou pago de forma proporcional aos meses efetivamente laborados.
>
> iii) Fundo de Garantia por Tempo de Serviço (FGTS): depósito mensal em conta vinculada do empregado com a Caixa Econômica Federal na proporção de 8% de seu salário.
>
> iv) Previdência Social (INSS): recolhimento mensal feito a título de valores pré-aposentadoria. A alíquota pode variar de 8 a 11%, a depender do salário recebido.
>
> v) Horas extraordinárias: são pagas quando houver labor após a jornada pactuada em contrato de trabalho, sendo que a orientação do Judiciário brasileiro e da própria CLT é que a jornada do trabalhador comum seja de 8 horas/dia com no máximo 2 horas extras por dia, totalizando 10 horas de trabalho ao dia.
>
> vi) Adicionais de periculosidade ou insalubridade: valores devidos quando o empregado for exposto a riscos sem a adequada paramentação com equipamentos de proteção individual (EPI) ou sem os treinamentos necessários ao exercício de suas funções. (Fixel, 2020, p. 33)

Considerando o ambiente de inovação e flexibilidade de uma startup, é possível que o empreendedor tenha dificuldades para entender a relevância de esclarecer aos seus colaboradores as condições de trabalho de cada um, evitando-se, assim, futuros conflitos entre estes e os empresários.

— 5.8 —
Peculiaridades das relações de trabalho em startups

O primeiro ponto a se destacar com relação a uma startup é que muitas delas, em seus primeiros momentos, operam sem nenhum tipo de faturamento. Nesse período, a startup se sustenta com os recursos de um investidor, o qual, inclusive, após passado determinado período de tempo, desiste do investimento, diante da ausência de retorno financeiro. Assim, como explicam Feigelson, Nybo e Fonseca (2018, p. 195), "é comum que alguns colaboradores, diante dos baixos valores de remuneração oferecidos durante as primeiras etapas da empresa, exerçam funções para complementação de renda em outros lugares". Segundo os mesmos autores, o modelo tradicional de jornada de trabalho acaba não sendo condizente com o controle de horário, por exemplo. Diante de tal circunstância, os autores defendem a seguinte questão: "Considerando que os colaboradores estão dedicando seus esforços quase que de uma forma voluntária quanto se trata de uma startup que se encontra no início de suas atividades, não há qualquer identificação de hipossuficiência do colaborador em relação à startup" (Feigelson; Nybo; Fonseca, 2018, p. 195).

Nessa configuração, a reforma trabalhista, que entrou em vigor por meio da Lei n. 13.467/2017, trouxe alguns desdobramentos interessantes para a relação entre empreendedores e empregados de startups. As alterações realizadas pela lei em questão na CLT apresentam novas formas de contratação que podem ser úteis à vida de uma startup.

Importante ponto da reforma e que pode afetar diretamente a vida de uma startup é o chamado *teletrabalho*, previsto no art. 75-B da seguinte forma: "a prestação de serviços preponderantemente fora das dependências do empregador, com a utilização de tecnologias de informação e de comunicação que, por sua natureza, não se constituam como trabalho externo". O teletrabalho, especialmente no âmbito de uma startup, traz como vantagens: maior comodidade para ambas as partes; ausência de necessidade do pagamento de horas-extras; inexistência de jornada; e diminuição de custos, como local, mobiliário, locação/aquisição e demais custos ordinários, como luz, água, impostos etc.

Outro instrumento importante nas relações de trabalho em startups é o chamado *contrato de Vesting*. O *vesting* "é uma promessa de participação societária, estabelecida em contrato particular com colaboradores estratégicos, que objetiva, estimular a expansão, o êxito e a consecução dos objetivos sociais de uma startup" (Feigelson; Nybo; Fonseca, 2018, p. 204). Não se trata, porém, de um contrato salarial, mas da outorga de uma opção de compra de participação societária a preços estabelecidos, condicionada ao cumprimento de metas no decorrer do tempo.

O período comumente utilizado no mercado para investidura total dos direitos de participação societária é de, geralmente, 4 anos, após, no mínimo, um ano de *Cliff*[2]. Júdice e Nybo (2016, p. 40) explicam que

> o propósito do vesting é a transferência da participação societária de uma única vez, cuja segurança de que poderá realmente usufruir dos direitos de se tornar proprietário dessa participação está condicionada a ocorrência de alguns eventos. Assim, apenas decorrida a totalidade do período de vesting é que o fundador está realmente investido na sua participação societária, pois fica livre do direito de recompra de sua participação na empresa.

O *vesting*, portanto, trata-se de um formato no qual o sócio adquire um direito de participação societária decorrendo um período estipulado entre as partes.

---

2   O *Cliff* é uma cláusula contratual que prevê um período de tempo mínimo para que os sócios obtenham a sua primeira participação societária (Seta, 2018).

Capítulo 6

*Direito do consumidor
e startups*

Talvez o assunto mais interessante a ser tratado sobre as relações entre startups e consumidores seja a inserção dessas empresas inovadoras no mercado do chamado *consumo colaborativo*, ou *economia colaborativa*.

Por meio da economia colaborativa, desenvolvem-se modelos de negócios onde os indivíduos exploram seu patrimônio pessoal para fins econômicos, utilizando soluções baseadas no *big data*, na inteligência artificial e nos objetos conectados (ou *internet dos objetos*), ou seja, as atividades são facilitadas por plataformas colaborativas (aplicações de internet), que criam um mercado aberto para a exploração econômica temporária de bens ou serviços por parte dos indivíduos (Silva Jr.; Ramalho, 2016).

Em excelente artigo publicado na *Revista de Direito do Consumidor*, a professora Claudia Lima Marques (2017, p. 249) define com precisão do que trata a economia compartilhada:

> Para fins deste artigo, posso definir a economia do compartilhamento, de forma simples, como um sistema "negocial" de consumo (*collaborative consumption*), no qual pessoas alugam, usam, trocam, doam, emprestam e compartilham bens, serviços, recursos ou *commodities*, de propriedade sua, geralmente com a ajuda de aplicativos e tecnologia online móvel, com a finalidade de economizar dinheiro, cortar custos, reduzir resíduos, dispêndio de tempo, ou a imobilização de patrimônio ou melhorar as práticas sustentáveis e a qualidade de vida em sua região. São relações de confiança, geralmente contratuais, a maioria onerosa (de bicicletas nas cidades verdes, até carros, estadias e as mais "comerciais", como o Uber,

Cabify, Airbnb, Zipcar etc.), sendo gratuito o uso do aplicativo, mas paga uma porcentagem do "contratado" ao guardião da tecnologia online, podendo também, às vezes, tomar a forma cooperativa, de *crownfunding* ou de doação de pequena monta ou trocas gratuitas (livros em táxis etc.).

A autora também observa que a estruturação desses negócios na internet se configura tanto no sistema *peer to peer* (P2P) quanto no modelo *business to business* (B2B), ou seja, entre pessoas não profissionais e entre empresários. Trata-se de comércio, de consumo, de uma maneira nova de consumir. O Código de Defesa do Consumidor (CDC) – Lei n. 8.078, de 11 de setembro de 1990 –, em seu art. 3º, assim prevê:

> Art. 3º Fornecedor é toda pessoa física ou jurídica, pública ou privada, nacional ou estrangeira, bem como os entes despersonalizados, que desenvolvem atividade de produção, montagem, criação, construção, transformação, importação, exportação, distribuição ou comercialização de produtos ou prestação de serviços. (Brasil, 1990)

Considerando essa definição, podemos concluir que o intermediário, a plataforma que permite o contato entre particulares e entre empresas, enquadra-se no conceito de fornecedor.

Marques (2017) reforça esse entendimento, inclusive nomeando tais fornecedores de *guardiões de acesso*, os *gatekeepers*, expressão que, inclusive, consta do art. 10 do Marco Civil da Internet – Lei n. 12.965, de 23 de abril de 2014:

A guarda e a disponibilização dos registros de conexão e de acesso a aplicações de Internet de que trata esta Lei, bem como de dados pessoais e do conteúdo de comunicações privadas, devem atender à preservação da intimidade, da vida privada, da honra e da imagem das partes direta ou indiretamente envolvidas. (Brasil, 2014)

O parágrafo 1º desse mesmo artigo estabelece que:

§ 1º O provedor responsável pela guarda somente será obrigado a disponibilizar os registros mencionados no *caput*, de forma autônoma ou associados a dados pessoais ou a outras informações que possam contribuir para a identificação do usuário ou do terminal, mediante ordem judicial, na forma do disposto na Seção IV deste Capítulo, respeitado o disposto no art. 7º. (Brasil, 2014)

E nas palavras de Marques (2017, p. 253):

estas relações que são de consumo, apesar de poderem estar sendo realizadas entre duas pessoas leigas e não em forma profissional, deixam-se contaminar por este outro fornecedor, o fornecedor principal da economia do compartilhamento, que é organizada e remunerada: o guardião do acesso, o *gatekeeper*. Isto é, eu só posso contactar esta pessoa que vai me alugar sua casa ou sofá por uma semana, se usar aquele famoso aplicativo ou site, só posso conseguir rapidamente um transporte executivo, se tiver aquele outro aplicativo em meu celular etc. O guardião do acesso realmente é aquele que abre a porta do negócio de consumo, que muitas vezes ele não realiza, mas intermedeia e por vezes coordena mesmo o pagamento (*paypal*, e eventualmente, os seguros etc.), como incentivos de confiança para ambos os leigos envolvidos no negócio.

Obviamente que o "guardião de acesso" é remunerado pelo serviço de colocar as partes em contato para a formalização de um contrato. Sobre isso, Claudia Lima Marques (2017, p. 255) elucida:

> No caso da economia do compartilhamento, o pagamento é em comissão (10%, 20%, 30%), às vezes quem paga é o comprador, como nos *site* de leilões e de vendas de coisas usadas, como quem aluga uma casa no Airbnb, às vezes o "fornecedor", como os motoristas da Uber para a própria Uber, um aplicativo que intermedeia os serviços de transporte privados.

Uma vez sendo remunerado, o intermediário de acesso atrai para ele o dever de garantir a segurança e a qualidade da conexão entre as partes, sendo, portanto, impossível não identificar nas hipóteses de economia compartilhada uma rede de contratos. Novamente nas palavras de Marques (2017, p. 258):

> A pluralidade inicia no próprio aplicativo. O App é que viabiliza (junto a dois portos ou celulares ou tablets) esta ligação *Peer to Peer*. Apps são aplicativos ou pequenos programas (software) que têm como finalidade expandir/complementar as funções dos Smartphones (celulares) e Tablets (computadores

pessoais), hoje também *smart devices*, como relógios, óculos, até chegar a automóveis e casas. Interessante que o aplicativo é um elemento digital, que é feito para uma plataforma de software (Android da Google ou Apple). O aplicativo é feito para rodar em hardwares (celulares), sem ser desenvolvido, pelo fabricante do hardware ou pelo do software principal do celular, e é uma extensão falsamente terceira. O App mesmo é uma extensão, geralmente gratuita, que terá um autor dos códigos, mas que será negociado por outro fornecedor intermediário/comissionário e, assim, será necessária uma quarta loja, para encontrar seus milhões de consumidores (Appstore, por exemplo, da Google ou da Apple), que é a verdadeira "guardiã" dos aplicativos ali vendidos sob o manto de sua marca e de seus códigos base. E, na economia do compartilhamento, os aplicativos são só as estradas (*highways*) por onde passam os contratos, como pontes entre os consumidores e fornecedores, sustentadas pelos pilares, da Internet.

Nesse mesmo sentido, Baggio (2014, p. 37) se manifesta da seguinte maneira:

> ocorre que, se a formação de redes de fornecedores se justifica principalmente na divisão dos riscos e vicissitudes do negócio, é certo que, tais riscos, em momento algum, poderão ser transferidos ao consumidor, parte vulnerável na cadeia, e que, muitas vezes, sequer tem noção da existência de uma cadeia de fornecedores. (Baggio, 2014, p. 37)

Portanto, uma vez que o guardião de acesso faz parte da cadeia de fornecimento de um produto ou serviço, responde de maneira solidária ao prestador, mesmo nas hipóteses de contratos realizados entre duas pessoas físicas.

Ocorre que nem sempre para o empreendedor fica evidente sua responsabilidade perante possíveis consumidores de seus produtos e serviços, o que pode gerar demandas e desgastes desnecessários à startup[1].

— 6.1 —
Responsabilidade solidária segundo o Código de Defesa do Consumidor

Conforme já se defendeu neste estudo, a responsabilidade civil do fornecedor no Código de Defesa do Consumidor (CDC) – Lei n. 8.078, de 11 de setembro de 1990 (Brasil, 1990) –, além de objetiva, é também extracontratual, gerando o direito de indenização mesmo quando não existe relação contratual entre determinado fornecedor e o consumidor.

Segundo explicam Marins et al. (1995), deflui do *caput* do art. 12 do CDC a enumeração taxativa das espécies do gênero fornecedor, sendo estes o fabricante, o produtor, o construtor nacional ou estrangeiro e o importador, os quais são responsáveis

---

1 Sobre o assunto, acesse: <https://www.conjur.com.br/2017-mai-03/site-hospedagem-responde-cancelamento-nao-informado> (Luchete, 2017).

extracontratualmente e independentemente da apuração da culpa pela indenização devida em função do fato do produto.

Marins (citado por Chaib, 2005) define o **fornecedor real** como "toda pessoa física ou jurídica que participa da realização e criação do produto acabado ou de parte componente do mesmo, inclusive a matéria-prima, ou seja, é o fornecedor final assim como o fornecedor intermediário", vistos sempre antes e distintamente do comerciante, que tem regime excepcional de responsabilização pelo fato do produto, nos termos do art. 13 do diploma consumerista.

Já o **fornecedor aparente** é aquele que se apresenta como tal, colocando no produto seu próprio nome, marca ou sinal distintivo, decorrendo sua responsabilização direta da teoria da aparência, já que, quando apresenta seu nome sobre o produto, aparece como produtor perante o consumidor.

Enfim, o **fornecedor presumido** é aquele que importa produtos para qualquer forma de distribuição, como venda e locação, assim como aquele que fornece a mercadoria sem sua identificação. Assim, o comerciante, sempre que prover o mercado de consumo com produtos sem identificação do fabricante, produtor, construtor ou importador, será responsável pelos danos resultantes do fato do produto, sendo tal responsabilidade considerada subsidiária, com previsão no art. 13 do CDC.

Conforme dispõe o Código Civil – Lei n. 10.406, de 10 de janeiro de 2002 – em seu art. 265: "A solidariedade não se presume; resulta da lei ou da vontade das partes" (Brasil, 2002).

Portanto, no que se refere ao fornecimento de produtos e serviços no mercado de consumo, é possível afirmar que a solidariedade decorre da lei, pois se aplicam a essas relações as regras do CDC também no que tange à solidariedade entre os fornecedores em cadeia.

O CDC, em seu art. 7º, parágrafo único, deixa evidente a responsabilidade solidária entre os fornecedores perante o consumidor de produtos e serviços colocados no mercado de consumo. No mesmo sentido, o art. 12 do CDC, ao tratar da responsabilidade pelo fato do produto e do serviço, expõe que serão responsáveis "o fabricante, o produtor, o construtor, nacional ou estrangeiro, e o importador" (Brasil, 1990), salvo as exceções previstas no parágrafo 3º desse artigo.

Também o art. 18 do diploma consumerista, ao tratar sobre a responsabilidade pelo vício do produto ou do serviço, assim dispõe:

> Art. 18. Os fornecedores de produtos de consumo duráveis ou não duráveis respondem solidariamente pelos vícios de qualidade ou quantidade que os tornem impróprios ou inadequados ao consumo a que se destinam ou lhes diminuam o valor, assim como por aqueles decorrentes da disparidade, com as indicações constantes do recipiente, da embalagem, rotulagem ou mensagem publicitária, respeitadas as variações decorrentes de sua natureza, podendo o consumidor exigir a substituição das partes viciadas. (Brasil, 1990)

Por fim, o parágrafo 1º do art. 25 prevê que, "havendo mais de um responsável pela causação do dano, todos responderão solidariamente" (Brasil, 1990). Como observa Paulo Luís Neto Lôbo (1995, p. 170):

> O consumidor pode exercer suas pretensões contra qualquer um deles [fornecedores], que por sua vez se valerá da regressividade contra os demais. No caso de produto, ou o comerciante, ou o produtor, ou o construtor, ou o importador, ou o distribuidor. No caso de serviço, o contratante, ou qualquer subcontratante. Este é o sentido dos artigos 18, 19 e 20 do CDC, ao contrário da responsabilidade por fato do produto [artigo 12], que [ao tipificar o fornecedor] exclui o comerciante (art. 14), salvo em casos excepcionais.

Ao manifestar-se sobre a solidariedade, Luiz Antônio Rizzato Nunes (2000, p. 271) lembra de situações em que, necessariamente, os fornecedores criam redes contratuais para o fornecimento de produtos e serviços, como nos casos de utilização de serviços e produtos de terceiros pelo fornecedor que contrata diretamente com o consumidor:

> Ainda que a norma [art. 20 do CDC] esteja tratando de fornecedor direto, isso não ilide a responsabilidade dos demais que indiretamente tenham participado da relação. Não só porque há normas expressas nesse sentido (art. 34 e §§ 1º e 2º do art. 25) mas também em especial pela necessária e legal solidariedade existente entre todos os partícipes do ciclo de

produção que geraram o dano (cf. o parágrafo único do art. 7º), e, ainda mais, pelo fato de que, dependendo do tipo de serviço prestado, o fornecedor se utiliza necessariamente de serviços e produtos de terceiros.

Decorrente da solidariedade, o CDC prevê o direito de regresso de um fornecedor instado a responder por um fato do produto ou do serviço ao qual não tenha dado causa, direito esse plenamente aplicável às relações de fornecimento em rede. Na lição de Antônio Carlos Efing (2004, p. 165), a ação de regresso "é aquela através da qual o fornecedor que efetuou a reparação dos danos ao consumidor, existindo solidariedade com outro ou outros fornecedores, poderá pleitear o ressarcimento do valor de responsabilidade dos demais fornecedores responsáveis".

O art. 13, parágrafo único, do CDC dispõe sobre o direito de regresso: "Aquele que efetivar o pagamento ao prejudicado poderá exercer o direito de regresso contra os demais responsáveis, segundo sua participação na causação do evento danoso" (Brasil, 1990).

Novamente, reportando-nos a Efing (2004, p. 165), ressaltamos que a ação regressiva tem a intenção não apenas de apurar o responsável pela causação do dano, mas também a parcela de culpa de cada fornecedor, podendo somente ser manejada após a efetiva reparação do dano ao consumidor.

Dispõe então o parágrafo único do art. 13 do CDC que: "Aquele que efetivar o pagamento ao prejudicado poderá exercer o direito de regresso contra os demais responsáveis, segundo sua participação na causação do evento danoso" (Brasil, 1990). Assim, o fornecedor que efetuar o ressarcimento ao consumidor tem direito a requerê-lo posteriormente dos verdadeiros responsáveis, integral ou parcialmente, de acordo com sua efetiva participação no evento danoso.

Embora, a princípio, essa ação de regresso deva ser autônoma, já que, segundo Efing (2004, p. 165), "a relação jurídica do regresso é outra e não a originalmente existente entre o fornecedor demandado e o consumidor demandante," o Código prevê a possibilidade de que a ação de regresso seja exercida nos mesmos autos originais, "configurando sub-rogação legal, já que haverá a substituição dos polos da ação, ou seja, o réu primário passará a ser o autor da ação de regresso".

— 6.2 —
Termos de uso e políticas de privacidade nas relações entre consumidores e startups

É concernente ao uso de qualquer meio tecnológico a preocupação com o monitoramento dos dados pessoais. É certo, também, que a maioria dos usuários de internet não consegue enxergar lacunas na segurança, nem como ocorrerá o tratamento de seus dados pessoais pelas empresas, tampouco até que ponto o acesso a um *site* ou aplicativo pode afetar sua privacidade e individualidade.

Negócios que, anteriormente à era digital, eram entabulados presencialmente, hoje se perfectibilizam digitalmente, como é o caso do comércio eletrônico, das *fintechs*, dos aplicativos de economia compartilhada. Diante dessa constatação, é fundamental que a empresa que coloca um produto ou serviço na internet demonstre responsabilidade e respeito pelos seus consumidores e usuários, o que se perfaz pela apresentação de uma política de privacidade transparente e pelos termos de uso do produto ou serviço.

Os termos de uso servem para determinar qual o objetivo do produto ou do serviço, quais suas funções, os direitos e deveres dos usuários consumidores e as regras de conduta para o uso da plataforma, além de "proibições, condições de acesso, proteção da propriedade intelectual do negócio e até mesmo as responsabilidades de cada um que utiliza" (NDM Advogados, 2018).

Para Fabio Pereira e João Harres (2016, p. 131):

> Termos e condições de Uso e Políticas de Privacidade consistem em verdadeiro contratos entre, de um lado, o fornecedor de produtos e/ou serviços, e, de outro, os usuários, consumidores. Os termos de uso regulam o serviço ou o fornecimento do produto em si, já o enfoque de Políticas de Privacidade é estabelecer a maneira que certas informações pessoais serão utilizadas pelas startups.

A respeito de tais documentos, é preciso que sejam claros, transparentes, que informem adequadamente os consumidores usuários a respeito das condições de uso do produto ou prestação do serviço, até porque essa é uma diretriz básica do CDC. Também se sugere que, para sua validade, fique ostensiva ao consumidor a informação "clique para aceitar", não devendo a empresa propor tais documentos por meio de acessos a *links* ou quaisquer outras formas que dificultem o acesso do consumidor a seu conteúdo.

Contudo, lembramos que tais documentos podem ser questionados à luz do CDC, que, em seu art. 46 assim estabelece:

> Art. 46. Os contratos que regulam as relações de consumo não obrigarão os consumidores, se não lhes for dada a oportunidade de tomar conhecimento prévio de seu conteúdo, ou se os respectivos instrumentos forem redigidos de modo a dificultar a compreensão de seu sentido e alcance. (Brasil, 1990)

Aliás, o preceito trazido pelo art. 46 do CDC privilegia concretamente o princípio da informação e transparência, bem como o respeito à boa-fé objetiva e às legítimas expectativas dos consumidores.

— 6.2.1 —
Orientações sobre o conteúdo dos termos de uso e da política de privacidade

Elencamos a seguir o conteúdo mínimo dos termos de uso e da política de privacidade segundo a orientação de Pereira e Harres (2016, p. 224):

i) O usuário deve garantir ter mais de 18 anos, ou mais de 16, caso devidamente assistido por seus pais;

ii) Caso o usuário seja uma pessoa jurídica, o indivíduo que aceitar os termos de uso e a política de privacidade deve garantir que é o representante da empresa com os poderes necessários para tal ato;

iii) Os Termos de Uso e Política de Privacidade devem idealmente ser aceitos pelos usuários mediante "clique e aceite" individuais para cada um dos documentos contratuais.

iv) Clausulas que possam ser consideradas abusivas devem ser evitadas, sob o risco de nulidade;

v) Informações claras e completas devem ser fornecidas aos consumidores em relação aos produtos e serviços e às condições aplicáveis ao fornecimento dos mesmos;

vi) Aceites e adicionais especificos devem ser obtidos caos os Termos de Uso e Política de Privacidade sejam modificados, idealmente, mediante "clique para aceitar";

vii) Cláusulas compromissorias de arbitragem deverão constar em documento apartado a ser aceito pelo usuário ou mediante "clique e aceite específico" para a clausula compromissória, que deverá estar em negrito.

viii) Deve ser garantido o direito de arrependimento ao consumidor.

O empreendedor que decidir criar uma startup deve observar com cuidado os direitos de seus consumidores, especialmente no que se refere à privacidade e ao tratamento de dados. A política de privacidade de dados e cadastros deve prever expressamente a possibilidade de acesso do fornecedor a nome, telefone, *e-mail* etc., devendo este solicitar autorização do consumidor para o compartilhamento de alguns dados. Também é importante que os referidos documentos sejam escritos de modo simples, facilitando a leitura e a compreensão pelos consumidores (NDM Advogados, 2018).

— 6.3 —
Marco Civil da Internet e startups

A legislação que regulamenta o uso da internet no Brasil é o Marco Civil da Internet (Lei n. 12.965/2014), que estabelece "princípios, garantias, direitos e deveres de todos aqueles que utilizam a internet, inclusive dos entes governamentais" (Pacheco, 2016, p. 131).

Segundo Leonardo Pacheco (2016), o Marco Civil da Internet diferencia aplicações de internet de conexões da internet. Sobre isso, o art. 5º da referida legislação dispõe o seguinte:

> Art. 5º Para os efeitos desta Lei, considera-se:
>
> I – internet: o sistema constituído do conjunto de protocolos lógicos, estruturado em escala mundial para uso público e irrestrito, com a finalidade de possibilitar a comunicação de dados entre terminais por meio de diferentes redes;
>
> II – terminal: o computador ou qualquer dispositivo que se conecte à internet;

III – endereço de protocolo de internet (endereço IP): o código atribuído a um terminal de uma rede para permitir sua identificação, definido segundo parâmetros internacionais;

IV – administrador de sistema autônomo: a pessoa física ou jurídica que administra blocos de endereço IP específicos e o respectivo sistema autônomo de roteamento, devidamente cadastrada no ente nacional responsável pelo registro e distribuição de endereços IP geograficamente referentes ao País;

V – conexão à internet: a habilitação de um terminal para envio e recebimento de pacotes de dados pela internet, mediante a atribuição ou autenticação de um endereço IP;

VI – registro de conexão: o conjunto de informações referentes à data e hora de início e término de uma conexão à internet, sua duração e o endereço IP utilizado pelo terminal para o envio e recebimento de pacotes de dados;

VII – aplicações de internet: o conjunto de funcionalidades que podem ser acessadas por meio de um terminal conectado à internet; e

VIII – registros de acesso a aplicações de internet: o conjunto de informações referentes à data e hora de uso de uma determinada aplicação de internet a partir de um determinado endereço IP. (Brasil, 2014)

Para a compreensão da diferença entre aplicações e conexões de internet, citamos o seguinte exemplo: uma *home page* é uma aplicação da internet, da mesma forma que uma rede social, um aplicativo, um site, um portal, um app mobile. Para conseguir diferenciar, basta questionar: Minha aplicação fornece um endereço de IP? Se a resposta for positiva, você é um provedor de conexão. Se a resposta for negativa, você é um provedor de aplicação (Pacheco, 2016).

— 6.3.1 —
Aplicação do Marco Civil da Internet à atividade das startups provedoras de conexão de internet

O Marco Civil da Internet determina que são necessárias informações claras e completas no que se refere aos dados fornecidos pelos usuários. É o que prevê o art. 7º da Lei n. 12.965/2014:

> Art. 7º O acesso à internet é essencial ao exercício da cidadania, e ao usuário são assegurados os seguintes direitos:
>
> [...]
>
> VIII – **informações claras e completas sobre coleta, uso, armazenamento, tratamento e proteção de seus dados pessoais**, que somente poderão ser utilizados para finalidades que:
>
> a) justifiquem sua coleta;
>
> b) não sejam vedadas pela legislação; e
>
> c) estejam especificadas nos contratos de prestação de serviços ou em termos de uso de aplicações de internet; [...]. (Brasil, 2014, grifo nosso)

Com relação às startups, há uma preocupação específica que diz respeito à guarda das informações e conexão de seus usuários. Isso é o que se observa da leitura do art. 13 da referida lei:

> **Art. 13. Na provisão de conexão à internet, cabe ao administrador de sistema autônomo respectivo o dever de manter os registros de conexão, sob sigilo, em ambiente controlado e de segurança, pelo prazo de 1 (um) ano, nos termos do regulamento.**
>
> **§ 1º A responsabilidade pela manutenção dos registros de conexão não poderá ser transferida a terceiros.**
>
> § 2º A autoridade policial ou administrativa ou o Ministério Público poderá requerer cautelarmente que os registros de conexão sejam guardados por prazo superior ao previsto no *caput*.
>
> § 3º Na hipótese do § 2º, a autoridade requerente terá o prazo de 60 (sessenta) dias, contados a partir do requerimento, para ingressar com o pedido de autorização judicial de acesso aos registros previstos no *caput*.
>
> § 4º O provedor responsável pela guarda dos registros deverá manter sigilo em relação ao requerimento previsto no § 2º, que perderá sua eficácia caso o pedido de autorização judicial seja indeferido ou não tenha sido protocolado no prazo previsto no § 3º.
>
> § 5º Em qualquer hipótese, a disponibilização ao requerente dos registros de que trata este artigo deverá ser precedida de autorização judicial, conforme disposto na Seção IV deste Capítulo.

§ 6º Na aplicação de sanções pelo descumprimento ao disposto neste artigo, serão considerados a natureza e a gravidade da infração, os danos dela resultantes, eventual vantagem auferida pelo infrator, as circunstâncias agravantes, os antecedentes do infrator e a reincidência. (Brasil, 2014, grifo nosso)

A seguir, trataremos da aplicação do Marco Civil da Internet às atividades das startups.

— 6.3.2 —
Aplicação do Marco Civil da Internet à atividade das startups provedoras de aplicação de internet

Assim como disciplinou os provedores de acesso à internet, também o Marco Civil da Internet tratou das obrigações das startups provedoras de aplicação de internet, como é o caso das redes sociais. Vejamos o teor de seu art. 15:

> Art. 15. O provedor de aplicações de internet constituído na forma de pessoa jurídica e que exerça essa atividade de forma organizada, profissionalmente e com fins econômicos deverá manter os respectivos registros de acesso a aplicações de internet, sob sigilo, em ambiente controlado e de segurança, pelo prazo de 6 (seis) meses, nos termos do regulamento.
>
> § 1º Ordem judicial poderá obrigar, por tempo certo, os provedores de aplicações de internet que não estão sujeitos ao disposto no *caput* a guardarem registros de acesso a aplicações

de internet, desde que se trate de registros relativos a fatos específicos em período determinado.

§ 2º A autoridade policial ou administrativa ou o Ministério Público poderão requerer cautelarmente a qualquer provedor de aplicações de internet que os registros de acesso a aplicações de internet sejam guardados, inclusive por prazo superior ao previsto no *caput*, observado o disposto nos §§ 3º e 4º do art. 13.

§ 3º Em qualquer hipótese, a disponibilização ao requerente dos registros de que trata este artigo deverá ser precedida de autorização judicial, conforme disposto na Seção IV deste Capítulo.

§ 4º Na aplicação de sanções pelo descumprimento ao disposto neste artigo, serão considerados a natureza e a gravidade da infração, os danos dela resultantes, eventual vantagem auferida pelo infrator, as circunstâncias agravantes, os antecedentes do infrator e a reincidência. (Brasil, 2014, grifo nosso)

Assim, "é de se dizer que o responsável pela startup deve informar quais são os dados coletados, utilizados e armazenados. A coleta de dados também deve ser justificada, pois não se permite a coleta de dados que a legislação proíba" (Pacheco, 2016, p. 93). Tema relevante relacionado à atividade das empresas ligadas ao acesso a dados pessoais de usuários é a responsabilidade pela coleta e pelo uso desses dados.

A compreensão dos riscos associados à circulação e ao tratamento dos dados pessoais sensíveis, nomeadamente pela sua aptidão de gerar situações discriminatórias e de desigualdade, justifica o estabelecimento de um regime jurídico diferenciado com institutos próprios, voltado a essa categoria específica de dados (Negri; Korkmaz, 2019).

Embora ainda não vigente, a Lei Geral de Proteção de Dados Pessoais (LGPD) – Lei n. 13.709, de 14 de agosto de 2018 –, já em seu art. 1º, deixa evidente sua preocupação com a relevância da proteção de dados pessoais na sociedade de informação:

> Art. 1º Esta Lei dispõe sobre o tratamento de dados pessoais, inclusive nos meios digitais, por pessoa natural ou por pessoa jurídica de direito público ou privado, com o objetivo de proteger os direitos fundamentais de liberdade e de privacidade e o livre desenvolvimento da personalidade da pessoa natural.
>
> Parágrafo único. As normas gerais contidas nesta Lei são de interesse nacional e devem ser observadas pela União, Estados, Distrito Federal e Municípios. (Brasil, 2018b)

Em seu art. 5º, que merece transcrição, a referida norma também explica o que pode ser considerado como dado pessoal que merece proteção:

> Art. 5º Para os fins desta Lei, considera-se:
>
> I – dado pessoal: informação relacionada a pessoa natural identificada ou identificável;
>
> II – dado pessoal sensível: dado pessoal sobre origem racial ou étnica, convicção religiosa, opinião política, filiação a sindicato ou a organização de caráter religioso, filosófico ou político,

dado referente à saúde ou à vida sexual, dado genético ou biométrico, quando vinculado a uma pessoa natural;

III – dado anonimizado: dado relativo a titular que não possa ser identificado, considerando a utilização de meios técnicos razoáveis e disponíveis na ocasião de seu tratamento;

IV – banco de dados: conjunto estruturado de dados pessoais, estabelecido em um ou em vários locais, em suporte eletrônico ou físico;

V – titular: pessoa natural a quem se referem os dados pessoais que são objeto de tratamento;

VI – controlador: pessoa natural ou jurídica, de direito público ou privado, a quem competem as decisões referentes ao tratamento de dados pessoais;

VII – operador: pessoa natural ou jurídica, de direito público ou privado, que realiza o tratamento de dados pessoais em nome do controlador;

VIII – encarregado: pessoa indicada pelo controlador e operador para atuar como canal de comunicação entre o controlador, os titulares dos dados e a Autoridade Nacional de Proteção de Dados (ANPD);

IX – agentes de tratamento: o controlador e o operador;

X – tratamento: toda operação realizada com dados pessoais, como as que se referem a coleta, produção, recepção, classificação, utilização, acesso, reprodução, transmissão, distribuição, processamento, arquivamento, armazenamento, eliminação, avaliação ou controle da informação, modificação, comunicação, transferência, difusão ou extração;

XI – anonimização: utilização de meios técnicos razoáveis e disponíveis no momento do tratamento, por meio dos quais um dado perde a possibilidade de associação, direta ou indireta, a um indivíduo;

XII – consentimento: manifestação livre, informada e inequívoca pela qual o titular concorda com o tratamento de seus dados pessoais para uma finalidade determinada;

XIII – bloqueio: suspensão temporária de qualquer operação de tratamento, mediante guarda do dado pessoal ou do banco de dados;

XIV – eliminação: exclusão de dado ou de conjunto de dados armazenados em banco de dados, independentemente do procedimento empregado;

XV – Transferência internacional de dados: transferência de dados pessoais para país estrangeiro ou organismo internacional do qual o país seja membro;

XVI – uso compartilhado de dados: comunicação, difusão, transferência internacional, interconexão de dados pessoais ou tratamento compartilhado de bancos de dados pessoais por órgãos e entidades públicos no cumprimento de suas competências legais, ou entre esses e entes privados, reciprocamente, com autorização específica, para uma ou mais modalidades de tratamento permitidas por esses entes públicos, ou entre entes privados;

XVII – relatório de impacto à proteção de dados pessoais: documentação do controlador que contém a descrição dos processos de tratamento de dados pessoais que podem gerar riscos às liberdades civis e aos direitos fundamentais, bem como medidas, salvaguardas e mecanismos de mitigação de risco;

XVIII – órgão de pesquisa: órgão ou entidade da administração pública direta ou indireta ou pessoa jurídica de direito privado sem fins lucrativos legalmente constituída sob as leis brasileiras, com sede e foro no País, que inclua em sua missão institucional ou em seu objetivo social ou estatutário a pesquisa básica ou aplicada de caráter histórico, científico, tecnológico ou estatístico; e

XIX – autoridade nacional: órgão da administração pública responsável por zelar, implementar e fiscalizar o cumprimento desta Lei em todo o território nacional. (Brasil, 2018b)

Mas não é apenas o Marco Civil da Internet a legislação que se aplica às startups quando o tema é proteção de dados. Conforme veremos a seguir, a Lei Geral de Proteção de Dados traz normas importantíssimas quanto ao respeito do fornecedor às informações pessoais de seus consumidores.

— 6.4 —
Efeitos da Lei Geral de Proteção de Dados para as startups de tecnologia

É possível afirmar que nem sempre existe preocupação por parte das startups com a coleta e o tratamento de dados pessoais de seus usuários. A característica de incertezas que envolve uma startup, essencialmente em seus períodos iniciais, faz com que não exista uma preocupação séria com a legislação que envolve toda a atividade. Tal situação decorre do fato de que nem sempre a startup tem, em sua fase de formação, certeza quanto à viabilidade de sua atividade, e a preocupação com eventuais questões jurídicas acaba ficando para um momento posterior (Negri; Korkmaz, 2019).

Vale ainda ressaltar que, para que a startup tenha resultados positivos em sua atividade, deve observar também o Marco Civil da Internet. Todavia, parte-se do pressuposto de que a maioria das startups tratará dados pessoais em algum momento, em alguma esfera do negócio, sejam dados de clientes e fornecedores, sejam dados de funcionários ou de terceiros, portanto, contratos, *marketing*, *logins* de usuários, recursos humanos, entre outras áreas, terão de lidar com o tema (Quinelato, 2019).

Seguindo as orientações de Quinelato (2019, p. 248):

> As startups deverão partir do princípio da minimização da coleta de dados, ou seja, tratar a menor quantidade de dados possível e apenas os essenciais para a funcionalidade de produto/serviço. Todos os dados adicionais a isso dever ser descartados e não mais coletados. Deve-se perguntar: quais dados eu trato e por que eu preciso dele para a execução do meu produto/serviço.
>
> Além disso, as startups – mesmo as que já possuam essa característia – deverão facilitar ainda mais (ou instituir) um canal de comunicação com o titular de dados, para que ele possa gozar de todos os direitos que a lei dispõe, como o de

vizualizar, corrigir, excluir, revogar consentimento, solicitar portabilidade, entre outros itens em relação aos seus dados pessoais.

No Brasil, a proteção da privacidade é um princípio constitucional contemplado no art. 5º da Constituição Federal de 1988 (Brasil, 1988), incisos X, XI e XII. Dada a importância do direito à privacidade como direito fundamental, cresce na sociedade de informação e de consumo as preocupações com o uso de dados privados de usuários da internet. E, com o crescimento do comércio eletrônico e o uso de redes sociais, o trânsito de informações pessoais passou a ser objeto de cobiça por parte de grandes empresas, que enxergam na coleta e na transferência de dados pessoais de usuários das redes um excelente negócio.
Todavia, como afirmam Maria Eugenia Finkelstein e Claudio Finkelstein (2019, p. 290):

> É nosso entendimento que a comercialização dos dados coletados pelos sites para outros fins, para empresas comerciais ou de prestação de serviços não coligadas à empresa que os coletou, merece maior atuação do Direito em defesa dos usuários e de sua privacidade. Este tipo de comércio é um claro caso de violação de privacidade, que caracteriza uma não observância aos direitos e garantias fundamentais da pessoa. Neste sentido e em resposta a esta necessidade, veio a Lei Geral de Proteção de Dados (LGPD).

A exploração de dados de usuários das redes é tema que gera preocupação há muito tempo. Eli Pariser (2012) trata sobre como a Phorm, uma empresa britânica instalada no Brasil que pratica a exploração de dados de usuários da internet. Ao tratar da obra, Pariser (2012) menciona que a Phorm ajuda os provedores da internet a utilizar um método chamado "inspeção profunda de pacotes" (DPI – *Deep Packet Inspection*) para analisar o tráfego que flui por seus servidores. O objetivo é obter dados e informações por meio dos quais seja possível a análise do tráfego que ocorre nos servidores desses provedores. Para Pariser (2012, citado por Fortes; Boff; Cella, 2014, p. 164), "a Phorm objetiva a construção de perfis quase plenos de todos os usuáriosda Web para a utilização futura na padronização de serviços de publicidade".

A Lei n. 13.709/2018, a Lei Geral de Proteção de Dados Pessoais (LGPD), como já vimos anteriormente, regulamenta a forma como serão tratados os dados pessoais no Brasil.

A LGPD, segundo o art. 3º, *caput*, é aplicada a "qualquer operação de tratamento realizada por pessoa natural ou por pessoa jurídica de direito público ou privado, independentemente do meio, do país de sua sede ou do país onde estejam localizados os dados" (Brasil, 2018b), desde que seguidas as exigências expostas nos incisos do referido artigo. Ainda, seu art. 4º, parágrafo 1º, assim prevê:

§ 1º O tratamento de dados pessoais previsto no inciso III será regido por legislação específica, que deverá prever medidas proporcionais e estritamente necessárias ao atendimento do interesse público, observados o devido processo legal, os princípios gerais de proteção e os direitos do titular previstos nesta Lei. (Brasil, 2018b)

Já em seu art. 5º, a referida lei explica o que são considerados dados pessoais, os quais são classificados em *dados pessoais sensíveis* e *dados anonimizados*.

Art. 5º Para os fins desta Lei, considera-se:

I – dado pessoal: informação relacionada a pessoa natural identificada ou identificável;

II – dado pessoal sensível: dado pessoal sobre origem racial ou étnica, convicção religiosa, opinião política, filiação a sindicato ou a organização de caráter religioso, filosófico ou político, dado referente à saúde ou à vida sexual, dado genético ou biométrico, quando vinculado a uma pessoa natural;

III – dado anonimizado: dado relativo a titular que não possa ser identificado, considerando a utilização de meios técnicos razoáveis e disponíveis na ocasião de seu tratamento; [...]. (Brasil, 2018b)

No que interessa diretamente ao comércio eletrônico e à utilização dos dados dos usuários, o art. 10, em seu parágrafo 1º, determina que somente os "dados pessoais estritamente necessários para a finalidade pretendida" poderão ser tratados" (Brasil,

2018b). No parágrafo 2º do mesmo artigo, exige-se do controlador a adoção de "medidas para garantir a transparência do tratamento de dados baseado em seu legítimo interesse" (Brasil, 2018b).

No entanto, para que os dados dos usuários possam ser tratados,

> é necessário o consentimento destes, o qual é obtido por meio de um contrato, ao qual o usuário adere, chamado de *Termos de Condições e Política de Privacidade*. Atualmente, para ter acesso a qualquer plataforma de compras pela internet, o consumidor deve aceitar o termo de condições e a política de privacidade, pois, caso não aceite, embora o acesso possa ser possível, as funcionalidades possivelmente ficarão comprometidas. (Hackerott et al., 2021, p. 186)

Do mesmo modo que o art. 7º, inciso VII, do Marco Civil da Internet, o art. 5º, inciso XII, da LGPD prevê que o consentimento deve ser manifestado de modo livre, informado e inequívoco.

O art. 15 da LGPD também merece menção, pois determina que os dados coletados dos usuários das redes não podem permanecer armazenados por prazo indeterminado:

> Art. 15. O término do tratamento de dados pessoais ocorrerá nas seguintes hipóteses:
>
> I – verificação de que a finalidade foi alcançada ou de que os dados deixaram de ser necessários ou pertinentes ao alcance da finalidade específica almejada;

II – fim do período de tratamento;

III – comunicação do titular, inclusive no exercício de seu direito de revogação do consentimento conforme disposto no § 5º do art. 8º desta Lei, resguardado o interesse público; ou

IV – determinação da autoridade nacional, quando houver violação ao disposto nesta Lei. (Brasil, 2018b)

No entanto, é relevante, para Patrícia Peck Pinheiro (2020, p. 36), "frisar que os agentes de tratamento de dados devem determinar e informar ao titular um prazo de tratamento de dados, nos casos possíveis, por uma questão de boas práticas, já que a legislação pátria não estipule uma determinação explícita de prazo para o tratamento".

Também o consentimento dado pelo titular, conforme ditado pelo art. 8º da LGPD, pode ser revogado a qualquer momento, por procedimento gratuito e facilitado, mas o art. 16 da mesma lei traz situações nas quais é permitida a conservação dos dados:

Art. 16. Os dados pessoais serão eliminados após o término do seu tratamento, no âmbito e nos limites técnicos das atividades, autorizada a conservação para as seguintes finalidades:

I – cumprimento de obrigação legal ou regulatória pelo controlador;

II – estudo por órgão de pesquisa, garantida, sempre que possível, a anonimização dos dados pessoais;

III – transferência a terceiros, desde que respeitados os requisitos de tratamento de dados dispostos nesta Lei; ou

IV – uso exclusivo do controlado, vedado seu acesso por terceiros, e desde que anonimizados os dados. (Brasil, 2018b)

Assim, é inegável que cabe às empresas de *e-commerce* manter uma política transparente de coleta, utilização e descarte de dados de seus usuários, cuidando especialmente dos direitos fundamentais à privacidade e à intimidade.

Capítulo 7

Tributação das startups

No âmbito da tributação de empresas no direito brasileiro, qualquer empreendimento pode ser enquadrado em três tipos de regimes tributários: (i) Lucro Real, (ii) Lucro Presumido; (iii) Simples Nacional.

Diante de tais possibilidades, o questionamento que surge é: Qual o melhor regime de tributação para uma startup? Obviamente que a escolha dependerá dos interesses dos empreendedores, e escolher o melhor modo de tributação significa conhecê-los.

O art. 3º do Código Tributário Nacional – Lei n. 5.172, de 25 de outubro de 1966 – assim define *tributo*:

> Art. 3º Tributo é toda prestação pecuniária compulsória, em moeda ou cujo valor nela se possa exprimir, que não constitua sanção de ato ilícito, instituída em lei e cobrada mediante atividade administrativa plenamente vinculada. (Brasil, 1966)

Nesse sentido, um tributo é caracterizado pelos seguintes elementos: fato gerador, contribuinte ou responsável e base de cálculo. Para que venha a existir uma obrigação tributária, é preciso que exista um vínculo jurídico entre um credor (Sujeito Ativo) e um devedor (Sujeito Passivo), pelo qual o Estado, com base na legislação tributária, possa exigir uma prestação tributária positiva ou negativa.

— 7.1 —
Simples Nacional

Segundo a Secretaria da Receita Federal (2022)[1]:

> O Simples Nacional é um regime compartilhado de arrecadação, cobrança e fiscalização de tributos aplicável às Microempresas e Empresas de Pequeno Porte, previsto na Lei Complementar nº 123, de 14 de dezembro de 2006. Abrange a participação de todos os entes federados (União, Estados, Distrito Federal e Municípios).

Ainda segundo as informações disponíveis no *site* da Receita Federal (2022), "o Simples Nacional é administrado por um Comitê Gestor composto por oito integrantes: quatro da Secretaria da Receita Federal do Brasil (RFB), dois dos Estados e do Distrito Federal e dois dos Municípios". Quanto ao ingresso no Simples Nacional, a Receita esclarece que é preciso cumprir algumas condições: "enquadrar-se na definição de microempresa ou de empresa de pequeno porte; cumprir os requisitos previstos na legislação; e 3) formalizar a opção pelo Simples Nacional" (Receita Federal, 2022).

Ainda na página da Receita Federal (2022), há a explicação acerca das características do Regime do Simples Nacional:

---

1 Saiba mais em: <http://www8.receita.fazenda.gov.br/SimplesNacional/Documentos/Pagina.aspx?id=3> (Receita Federal, 2022).

i) ser facultativo; ii) ser irretratável para todo o ano-calendário; iii) abrange os seguintes tributos: IRPJ, CSLL, PIS/Pasep, Cofins, IPI, ICMS, ISS e a Contribuição para a Seguridade Social destinada à Previdência Social a cargo da pessoa jurídica (CPP); iv) recolhimento dos tributos abrangidos mediante documento único de arrecadação – DAS; v) disponibilização às ME/EPP de sistema eletrônico para a realização do cálculo do valor mensal devido, geração do DAS e, a partir de janeiro de 2012, para constituição do crédito tributário; vi) apresentação de declaração única e simplificada de informações socioeconômicas e fiscais; vii) prazo para recolhimento do DAS até o dia 20 do mês subsequente àquele em que houver sido auferida a receita bruta; viii) possibilidade de os Estados adotarem sublimites para EPP em função da respectiva participação no PIB.

A Receita Federal (2022) informa, por fim, que: "Os estabelecimentos localizados nesses Estados cuja receita bruta total extrapolar o respectivo sublimite deverão recolher o ICMS e o ISS diretamente ao Estado ou ao Município".

— 7.2 —
Lucro Presumido

Nesse tipo de regime tributário, o montante a ser tributado é determinado com base na receita bruta, por meio da aplicação de alíquotas variáveis em função da atividade geradora da receita. Podem optar pelo Lucro Presumido as pessoas jurídicas cuja receita bruta total no ano calendário anterior tenha sido igual ou inferior a R$ 48.000.000,00 ou ao limite proporcional de R$ 4.000.000,00 multiplicados pelo número de meses de atividade no ano, se esse for inferior a 12 meses.

No regime do Lucro Presumido, são quatro os tipos de impostos federais incidentes sobre o faturamento, entre eles o PIS (Programa de Integração Social) e a Cofins (Contribuição para o Financiamento da Seguridade Social), que devem ser apurados mensalmente, e o IRPJ (Imposto de Renda Pessoa Jurídica) e a CSLL (Contribuição Social sobre o Lucro Líquido), cuja apuração deve ser feita trimestralmente. O Lucro Presumido é uma presunção, por parte do Fisco, do que seria o lucro de uma empresa caso não existisse a contabilidade.

— 7.3 —
Lucro Real

O legislador disciplina o conceito de lucro real e as implicações de sua utilização como forma de tributação. O lucro real é definido no art. 6º do Decreto-Lei n. 1.598, de 26 de dezembro de 1977:

> Art 6º Lucro real é o lucro líquido do exercício ajustado pelas adições, exclusões ou compensações prescritas ou autorizadas pela legislação tributária.

§ 1º O lucro líquido do exercício é a soma algébrica de lucro operacional (art. 11), dos resultados não operacionais, do saldo da conta de correção monetária (art. 51) e das participações, e deverá ser determinado com observância dos preceitos da lei comercial. (Brasil, 1977)

Conforme ensina Silvio Crepaldi (2021), o lucro real é

> É o resultado contábil (receitas menos os custos e as despesas) ajustado pelas adições e exclusões. Quando analisado somente o IR e a CSLL, o lucro real é, na maioria dos casos, a melhor opção porque a empresa somente paga os referidos tributos quando obtém lucro, segundo o Decreto-lei n. 9.580/2018.
>
> A legislação fiscal e tributária prevê que o lucro líquido (ou prejuízo) do período de apuração, antes da provisão para o Imposto de Renda (IR), seja ajustado pelas adições, exclusões ou compensações. Este deveria ser o regime tributário padrão, porque sua metodologia se resume a averiguar as receitas e a deduzir os custos e as despesas para apurar o resultado do período. A administração tributária federal exige que o lucro apurado seja comprovado com lançamentos contábeis, transmitidos à RFB por meio do Sped Contábil e da Escrituração Contábil Fiscal (ECF), de acordo com o art. 6º do Decreto-lei n. 1.598/1977 e art. 258 do Decreto-lei n. 9.580/2018.

É importante ressaltar que a escolha do regime de tributação é de extrema importância para o crescimento de uma startup, e, a longo prazo, a tributação pelo lucro real pode apresentar-se como uma opção interessante.

— 7.4 —
Aspectos da tributação das startups

É consenso entre a doutrina e os profissionais da área que o regime tributário mais recomendado para uma startup é o Simples Nacional, pois sua carga tributária é mais baixa e, quando da apuração e do recolhimento, é mais simples. É importante também ter em mente que as startups são empresas que apresentam um modelo de negócio inovador, o que dificulta o enquadramento da atividade da empresa nos fatos geradores de tributos de modo geral. Lembramos que os fatos geradores de tributos são estabelecidos em lei, sem olvidar o fato de que a lei não acompanha o rápido desenvolvimento das atividades inovadoras das startups.

Helder Felipe Fonseca Damasceno e Maria Luiza Ferreira Leite (2018) trazem como interessante exemplo o caso da tributação dos serviços de *streaming*, ou seja, as plataformas *on-line* de compra e aluguel de filmes e vídeos:

> Durante anos discutiu-se sobre se o tributo aplicável à atividade prestada seria o ICMS (imposto sobre circulação de mercadorias e serviços) ou o ISS (imposto sobre serviços). Até a promulgação da lei complementar 157/16, que estabeleceu a incidência de ISSQN sobre o serviço de *streaming*, os empreendedores se viram em meio à uma disputa fiscal, e necessitavam de um respaldo bem fundamentado para a questão.

Assim, para os mesmos autores, "conclui-se que no momento de realização da referida análise é imprescindível a determinação do que se constitui a atividade desenvolvida pela startup, como por exemplo uma obrigação de dar, de fazer, ou até mesmo uma cessão de bens e direitos" (Damasceno; Leite, 2018). Para Fabiano Ramalho (2017): "Medidas de incentivo fiscal e um tratamento tributário diferenciado são fundamentais para a sobrevivência de uma empresa no ecossistema startup, que, na maioria das vezes, inicia suas atividades com o esforço pessoal de uma ou duas pessoas e com orçamento extremamente modesto".

No Congresso Nacional tramita

> o Projeto de Lei nº 6625/2013, originário do PLS 321/2012, de autoria do senador José Agripino (DEM/RN), que dispõe sobre a criação de um regime tributário diferenciado específico para as startups, denominado Sistema de Tratamento Especial a Novas Empresas de Tecnologia (SisTENET), pelo qual será concedida uma isenção total de impostos federais para as empresas que se enquadrarem no novo regime, pelo período de 2 anos, prorrogáveis por igual período. (Ramalho, 2017)

Segundo informações do *site* da Câmara dos Deputados[12], o referido projeto encontra-se em fase de reabertura para a inclusão de emendas.

---

2   Acompanhe em: <https://www.camara.leg.br/proposicoesWeb/fichadetramitacao?idProposicao=598004&fichaAmigavel=nao> (Brasil, 2013).

Esperava-se que o Marco Legal das Startups trouxesse uma contribuição robusta para a discussão acerca do regime tributário de tais empresas, o que não aconteceu. Aliás, o Marco Legal foi omisso com relação a ponto relevantes, como é o caso do tratamento diferenciado a investidores e investimentos em uma startup. Também silenciou quanto ao tratamento tributário das empresas beneficiadas pelo regime do Inova Simples, apenas referindo-se à impossibilidade de que tais empreendimentos optem pelo regime do Simples Nacional em valor fixo, nos termos do inciso V do parágrafo 4º do art. 18-A da Lei Complementar n. 123/2006, posteriormente alterado pela Lei Complementar n. 167/2019, responsável pela criação do Inova Simples.

O Inova Simples é um regime que desburocratiza a criação de uma startup, mas o fato é que, diferente do que se esperava, o Marco Legal não inovou para além das novidades já implementadas em 2019. Como já visto anteriormente, a vantagem do Inova Simples é a possibilidade de recolhimento de alíquotas reduzidas de impostos e a simplicidade das declarações e na verificação do pagamento de tributos. Há quem mencione que o acesso facilitado ao crédito também é uma das vantagens desse regime jurídico.

Capítulo 8

*Alguns modelos de startups
presentes no Brasil*

No início desta obra, apresentamos o panorama das startups na realidade brasileira. Optamos, neste momento, por abordar algumas delas, sem, obviamente, esgotar o tema. Perceba-se a seguir o crescimento das *fintechs*, das *edtechs*, das startups na área da saúde e das *lawtechs*, que, nos próximos tópicos, merecerão nossa atenção.

Importante esclarecer que não pretendemos aqui esgotar todas as formas de startups, mas apenas exemplificar o quanto tais empresas podem trazer soluções inovadoras para o mercado.

— 8.1 —
Lawtechs e inovação

A atuação das startups invade atualmente o mercado jurídico. As *lawtechs*, ou *legaltechs*, empresas que buscam soluções tecnológicas para o mundo jurídico, vêm se multiplicando, a ponto de se dizer que o direito vive, hoje, uma verdadeira revolução digital (Maes, 2020).

> Segundo levantamento da LawGeex, empresa de inteligência artificial voltada à advocacia, em 2018 esse mercado movimentou mais de US$ 1 bilhão em todo o mundo. Só no Brasil já são mais de 140 startups nesse ramo, de acordo com um relatório da Associação Brasileira de Lawtechs e Legaltechs (AB2L) divulgado no último mês de maio. (Maes, 2020)

De acordo com a empresa mundial em pesquisa e aconselhamento para empresas, o relatório Gardner, "em dois anos os gastos com tecnologia jurídica irão aumentar em 50%, mostrando que esse setor pode sofrer uma grande mudança" (Inforchannel, 2020). No caso do Brasil, essas tecnologias estão chegando gradativamente.

> Para a Associação Brasileira de Lawtechs e Legaltechs (AB2L), de 2017 a 2019, o número de empresas desse setor aumentou em 300% e a tendência é que cresça ainda mais em 2020. Hoje, essas startups já atuam nas subáreas e subgêneros do Direito. Assim como fez as *fintechs* no setor de finanças, as *lawtechs* é mais uma ferramenta para ajudar o profissional da área de direito. (Inforchannel, 2020)

Como bem resumiu Feigelson (2021) em artigo sobre as *lawtechs* no mercado brasileiro: "A verdade é que uma revolução silenciosa já está em curso, e a maior parte do universo jurídico ainda não observou a velocidade dos acontecimentos e os reflexos da tecnologia no ambiente legal".

Internacionalmente, muitos escritórios já passaram a automatizar parte do trabalho com a utilização de *softwares*, como receber e cadastrar novas ações, juntar petições aos processos, preparar guias relacionadas a pagamentos, enviá-las aos clientes e verificar se os pagamentos foram feitos.

— 8.1.1 —
Ferramentas à disposição das atividades jurídicas

Várias são as possibilidades de serviços a serem prestados pelas startups jurídicas, ou *legaltechs*. Nesse sentido, é possível a obtenção de ferramentas de produtividade, e há plataformas que fornecem foros para a solução de conflitos e para a conexão de empresas com advogados para a prestação de serviços de consultoria (Vasconcelos; Thompson; Muniz, 2019). Além das ferramentas já mencionadas, há outras, citadas por Vasconcelos, Thompson e Muniz (2019), que podem auxiliar no exercício das atividades da advocacia, quais sejam:

- Redação de contratos: "a inteligência artificial pode ser amplamente utilizada na redação de contratos padronizados", tudo isso com o uso de ferramentas de *machine learning*, "por meio das quais a inteligência artificial 'aprende' a adotar determinadas cláusulas na medida da adequada alimentação de dados do sistema (Vasconcelos; Thompson; Muniz, 2019, p. 29).
- Auditoria legal, investigações e arbitragens.
- Pesquisa de jurisprudência.
- *Legal analytics*: "processo de identificação do racional de determinadas decisões judiciais e a construção de modelos estatísticos que possam auxiliar na verificação de tendências dos tribunais" (Vasconcelos; Thompson; Muniz, 2019, p. 29).
- Controle de horas trabalhadas.

A inteligência chegou ao mundo jurídico, e importante exemplo de ferramenta nessa área é a inteligência artificial (IA) chamada **Victor**, em homenagem a Victor Nunes Leal, ministro do STF de 1960 a 1969. O objetivo dessa IA é a busca por maior eficiência e rapidez na análise de processos, tornando menos burocráticas tarefas que costumam tomar tempo precioso dos servidores administrativos. Trata-se de um algoritmo baseado em aprendizado de máquinas (*machine learning*) utilizado pelo Supremo Tribunal Federal (STF) para análise dos temas de repercussão geral que chegam até aquele tribunal. A ferramenta foi desenvolvida em uma parceria entre o STF e a Universidade de Brasília (Mariano; Prescott, 2019).

É fato que, desde a Revolução Industrial, o mundo do direito já vem enfrentando muitas inovações, como é o caso dos contratos de adesão, mas, conforme bem lembram Del Masso e Godoy (2020), tais progressos têm acontecido em um ritmo muito maior do que se imaginava.

Atualmente, muitos *softwares* jurídicos estão à disposição dos profissionais do direito, auxiliando na melhoria da dinâmica e da organização de escritórios, principalmente proporcionando o cadastramento de processos e o recebimento automático de atualizações de andamento destes (Del Masso; Godoy, 2020).

Novamente vale citar Del Masso e Godoy (2020, p. 106), que afirmam:

> Em termos de gestão de documentos os atuais sistemas possibilitam não só a organização de dados e documentos

relativos a um processo ou cliente, como também a confecção de peças padronizadas, que serão concluídas após a mera inserção de dados dos clientes em uma plataforma específica, otimizando a rotina de escritórios que trabalham com contencioso massificado.

E não é apenas na gestão de documentos que as empresas voltadas às atividades jurídicas têm atuado. Já encontramos startups que trabalham como plataformas para mediação de conflitos e que disponibilizam os mais variados serviços jurídicos.

— 8.2 —
Fintechs no Brasil

Um dos modelos de negócios adotados pelas startups são as chamadas *fintechs*. De acordo com o art. 1º, parágrafo único, da Portaria n. 105, de 7 de junho de 2016, da Comissão de Valores Mobiliários (CVM):

> Parágrafo único. Para os propósitos desta Portaria, entende-se por "FinTech" a aplicação intensiva de novas tecnologias nos mercados, produtos ou serviços sob a jurisdição da CVM, incluindo, dentre outros, áreas relacionadas a plataformas de financiamento e a distribuição, negociação e pós-negociação de valores mobiliários. (Brasil, 2016)

Importa inicialmente esclarecer que a expressão *fintech* é oriunda da junção de duas palavras em idioma inglês: *financial* e *technology*. Para Finkelstein (2018, p. 48): "As *fintechs* são startups especializadas em finanças".

Oioli, Silva e Zilioti (2020, p. 187) ainda definem a *fintech* levando em consideração o formato do negócio: "o termo pode ser utilizado para se referir a processos, empresas e negócios que apliquem tecnologia para prestar serviços financeiros ou serviços relacionados a serviços financeiros". Os mesmos autores destacam como as *fintechs* são vistas no Brasil: "o termo foi rapidamente adotado para definir empresas de tecnologia, em geral pequenas e emergentes, que oferecem serviços de forma a concorrer com instituições financeiras tradicionais" (Oioli; Silva; Zilioti, 2020, p. 187).

Segundo a Associação Brasileira das Empresas de Cartões de Crédito e Serviços (Abecs), o mercado de meio de pagamentos no Brasil tem avançado consideravelmente. Nesse mercado, "portadores de instrumentos de pagamento fazem mais de 20 mil transações por minuto, movimentando mais de 1,5 trilhão de reais por ano" (Abecs, 2018, p. 3).

O mercado de meio de pagamentos é regulado pela Lei n. 12.865/2013, norma em que é possível consultar as diretrizes traçadas pelo Banco Central para instituições financeiras. Segundo explica Emylha Luz (2020), no Brasil, o principal segmento de *fintechs* são de meios de pagamento, e as espécies dessas *fintechs* abrangem cartões de crédito, débito, pré-pago, geração de boletos, máquinas de cartão, pagamento *on-line* e vale alimentação.

Conforme a "Fintech Deep Dive 2019", uma pesquisa divulgada pela consultoria PwC e pela Associação Brasileira de Fintechs (ABFintechs) em 2019[1], disponível no jornal *Gazeta do Povo*,

> o Brasil conta, atualmente, com aproximadamente mil fintechs, que devem gerar até US$ 24 bilhões nos próximos dez anos, segundo relatório do grupo Goldman Sachs. E com a retomada econômica do país e crescimento do ecossistema de inovação, 48% das startups do setor financeiro do país dobraram de tamanho em 2019. No total, 15% delas receberam algum tipo de investimento estrangeiro. (Basilio, 2020)

Segundo dados de referida pesquisa, 205 *fintechs* foram pesquisadas, sendo que 8% delas estão na fase de desenvolvimento de um produto mínimo viável (Basilio, 2020).

> Atualmente, o subsegmento de pagamentos é o que mais possui *fintechs*, tendo se expandido como nenhum outro à medida que o regulador tem aberto o mercado e as novas tecnologias vêm sendo utilizadas para aprimorar a experiência do consumidor e a eficiência das operações. Certamente, ainda temos muitos avanços para presenciar nessa área nos próximos anos. (Diniz, 2020, p. 55)

Segundo o Relatório Fintech da América Latina 2018: crescimento e consolidação, levantamento publicado pelo Banco

---

[1] Leia mais em: <https://www.gazetadopovo.com.br/gazz-conecta/pesquisa-aponta-que-metade-das-fintechs-dobraram-de-tamanho-em-2019/> (Basilio, 2020).

Interamericano de Desenvolvimento (BID, 2018), o Brasil é o país com maior número de investimentos voltados para a expansão de *fintechs*, seguido por países como México e Colômbia. Ainda segundo esse relatório,

> há dois fatores principais que impulsionaram o auge das soluções tecnológicas para pagamentos e remessas: o alto índice da população excluída do sistema financeiro tradicional, já que apenas 51% da população adulta da região tem acesso a uma conta em uma instituição financeira, e a alta penetração de *smartphones*, já que a taxa de penetração da telefonia móvel na região é de cerca de 67% (GSMA, 2018). Ambos os fatores impulsionaram o surgimento das soluções que permitem fazer transações usando dispositivos móveis, o que posicionou o segmento de pagamentos e remessas como o mais importante da região, com 285 *startups* (24% do total) e crescimento anual de 61%. (BID, 2018, p. 19)

Considerando a expansão das atividades das *fintechs* no Brasil, é imprescindível que os órgãos reguladores entrem em ação para impulsionar ainda mais o crescimento dessas empresas. Apesar do tempo de surgimento das *fintechs*, somente em 26 de abril de 2018 foi expedida a Resolução 4.656, do Banco Central do Brasil (Bacen), que "Dispõe sobre a sociedade de crédito direto e a sociedade de empréstimo entre pessoas, disciplina a realização de operações de empréstimo e de financiamento entre pessoas por meio de plataforma eletrônica" (Brasil, 2018c).

Com a regulamentação, a expectativa das *fintechs* e do Bacen é que as *fintechs* possam aumentar a competição no mercado, o que abriria a possibilidade de redução das taxas de juros para o consumidor.

— 8.3 —
Startups na área da educação: as *edtechs*

A revolução causada pelas startups chegou ao mercado educacional. Conforme informações do site Liga Insights: "Startups de educação se apresentam como formas de solucionar problemas que há algum tempo vem impedindo que esse setor fosse afetado pelas inovações tecnológicas presentes no mundo contemporâneo" (17 startups..., 2022). Algumas delas são: App Prova, Árvore de Livros, Br.ino, ClassApp, Dentro da História, Descomplica, Edools, Eruga, Happy code, Hotmart, Já Entendi, Kanttum, dentre muitas outras (17 startups, 2022).

Sobre o tema, Fátima Burin (2021, p. 57, grifo do original) explica:

> Podemos destacar as EdTechs como alternativas para tornar o ensino e a aprendizagem mais eficientes, com maior engajamento por parte dos alunos, fazendo com que eles aprendam rapidamente, por meio da inteligência artificial e **gamificação** e, também, possibilitando maior retenção de conteúdo. Algumas delas, propõem a interação entre todo o ambiente

escolar: família, alunos, professores e gestores. Outras oferecem soluções específicas para professores e outras, ainda, são ferramentas de gestão. Como essas soluções são tecnológicas, trata-se de um negócio altamente escalável, ou seja, é possível cobrar preços baixos pelas assinaturas dos serviços, ou outras práticas de monetização (modelo de negócio).

Segundo dados do Instituto Nacional de Estudos e Pesquisas Educacionais Anísio Teixeira (Inep) para o ano de 2019, o Brasil conta com aproximadamente 48,5 milhões de estudantes no ensino básico, o que nos leva à conclusão de que, no mundo pós-pandemias, as *edtechs* ganharão cada vez mais importância no mercado educacional (Marini, 2020).

Como explica Guilherme Mendes (citado por Marini, 2020):

> Algumas coisas relacionadas à vida das pessoas, e, sinceramente, positivas para o setor, já ficaram claras. A primeira delas é a de que o trabalho remoto se tornou uma realidade muito mais evidente, e quem estava distante precisará se adaptar ao novo contexto. A pandemia mostrou para muitos mercados e empresas que o trabalho remoto é viável, a verdade de ser produtivo trabalhando remotamente, o que, além de tudo, reduz bastante os custos. A ampliação das atividades a distância será um caminho inevitável.

Segundo Andrade (2019, p. 50) "as edtechs já possuem tecnologias que podem ser aplicadas ao cotidiano tanto em sala de aula como forra dela". É fato que o acesso a sistemas automatizados permitem, por sua vez, o acesso à educação de qualidade para quem pode conectar-se à internet em qualquer lugar do país, cabendo, portanto, ao Poder Público providenciar o acesso democrático à tecnologia até nas localidades mais remotas, o que impulsionará, nos próximos anos, o crescimento da educação à distância (Andrade, 2019).

— 8.4 —
Healthtechs: startups na área da saúde

A saúde sempre esteve ligada à ciência. Hoje, a tecnologia possibilita a melhor compreensão de como gerenciar a saúde pública, com estratégias qualificadas que contribuam para a melhoria das condições de vida da população. Ganham destaque, portanto, as chamadas *healthtechs*. As *healthtechs* são as startups voltadas à solução de problemas na área da saúde, e, até 2021, existiam no Brasil 542 startups nessa área. Como explica Giusti (2022):

> Metade delas [healthtechs] possuem menos de cinco anos de operação e ainda estão em seus primeiros estágios de desenvolvimento. Ainda assim, o volume de investimentos aportados nestas empresas brasileiras é significativo: desde 2014, elas receberam US$ 430 milhões, ao longo de 189 rodadas de venture capital.

Por sua vez, Thiago Ávila (2020) define as *healthtechs* como "startups que desenvolvem soluções com foco no setor de saúde, com forte base tecnológica, promovendo serviços e produtos escaláveis e replicáveis. O que é desenvolvido tem o objetivo de impactar milhares de pessoas, podendo inclusive ganhar proporções mundiais". O mesmo autor explica que

> Normalmente esses negócios possuem um modelo de alto risco, baseado na validação de um projeto inovador. Esses empreendimentos costumam trabalhar com uma **cultura ágil, focada em testes e na execução rápida.** Por esse motivo, muitas healthtechs têm um perfil jovem e contam com o investimento de fundos de Venture Capital para darem suporte ao crescimento acelerado e intenso que se espera dessas empresas. (Ávila, 2020, grifo do original)

É oportuno ressaltar que, no período da pandemia da Covid 19, que teve início em 2020, as *healthtechs* desempenharam papel muito importante no combate ao vírus. Parafraseando Giusti (2022), tais empresas desenvolveram ferramentas importantes para os problemas mais graves no período da pandemia, que, segundo o autor, "vão desde a identificação de pacientes de maior risco, gerenciamento de leitos e estoque de medicamentos, até a maior visibilidade de dados sobre a disseminação do vírus".

Considerações finais

Esta singela obra é fruto de muita pesquisa e estudo. A cada linha, a cada capítulo, a elaboração do conteúdo que aqui apresentamos reforçou nossa convicção sobre a importância do tema.

Nosso objetivo neste texto foi apresentar aos empreendedores, bem como a estudantes e profissionais que buscam conhecer o fenômeno startup, alguns conceitos fundamentais e os principais aspectos jurídicos a serem considerados em um empreendimento.

Como demonstramos neste livro, a inovação é uma das principais características de uma startup, mas não podemos deixar de considerar o risco que assumem empreendedores e investidores quando decidem iniciar esse empreendimento.

É preciso, portanto, que os empreendedores que resolvam tomar o caminho da criação de uma startup estejam bem informados e bem orientados a respeito de todos os aspectos que envolvem tal empreendimento. Nesse sentido, o conteúdo que aqui apresentamos pode contribuir com empreendedores, advogados, contadores e demais profissionais que façam parte de uma startup.

A tecnologia é um fenômeno incontestável, que tende a evoluir. Diante disso, certamente o direito nunca conseguirá regular toda a inovação que surja no decorrer do tempo, pois, por sua natureza, é uma ciência que corre sempre atrás dos fenômenos sociais.

Hoje, o direito se debate para compreender seu papel na regulação da tecnologia, da inteligência artificial e no que diz respeito à inevitável dependência tecnológica que hoje nos aflige. Não há retorno. A disrupção é real e está posta, cabendo a nós entendê-la, aceitá-la e compreender, com humildade, que o direito talvez não dê conta de regulamentar todos os fenômenos tecnológicos que virão nos próximos anos.

Referências

17 STARTUPS que estão revolucionando o mercado de educação. **Liga Insights**. Disponível em: <https://insights.liga.ventures/inovacao/startups-de-educacao/>. Acesso em: 17 out. 2022.

ABECS – Associação Brasileira das Empresas de Cartões de Crédito e Serviços. **Mercado de meios de pagamento**: guia prático. 2018. Disponível em: <https://api.abecs.org.br/wp-content/uploads/2019/11/Cartilha-da-Abecs-sobre-o-Mercado-de-Meios-de-Pagamento.pdf>. Acesso em: 17 out. 2022.

ABREU, P. R. M.; CAMPOS, N. M. Aceleradoras de Startups. **Revista GV Novos Negócios**, v. 7, n. 7, 2016. Disponível em: <https://bibliotecadigital.fgv.br/ojs/index.php/rgnn/article/view/65946>. Acesso em: 17 out. 2022.

ABREU, P. R. M.; CAMPOS NETO, N. M. **O panorama das aceleradoras de startups no Brasil**. São Paulo: Centro de Estudos em Private Equity e Venture Capital (GVcepe), 2016.

ABSTARTUPS. **Radiografia startups brasileiras**. Disponível em: <https://abstartups.com.br/radiografia-do-ecossistema/#radiografia>. Acesso em: 17 out. 2022.

ANDRADE, R. S. de. Licenciatura em matemática: Como as novas edtechs estão se mobilizando para a melhoria do ensino. **Projeção e Docência**, v. 10, n. 2, p. 45-56, 2019. Disponível em: <http://revista.faculdadeprojecao.edu.br/index.php/Projecao3/article/view/1409>. Acesso em: 17 out. 2022.

ANJOS DO BRASIL. Disponível em: <https://www.anjosdobrasil.net/>. Acesso em: 17 out. 2022.

ÁVILA, T. **Conheça o cenário das healthtechs no Brasil e no mundo**. 20 out. 2020. Disponível em: <https://www.pixeon.com/blog/healthtechs-no-brasil>. Acesso em: 17 out. 2022.

BAGGIO, A. C. Confiança e responsabilidade nas relações de consumo: considerações acerca dos sites de compras coletivas. **Iusgentium**, v. 9, n. 5, p. 17-45, 2014. Disponível em: <https://revistasuninter.com/iusgentium/index.php/iusgentium/article/view/146/0>. Acesso em: 17 out. 2022.

BARBOSA, D. B. **O inventor e o titular da patente de invenção**. Rio de Janeiro: Lumen Juris, 2008.

BASILIO, P. Pesquisa aponta que metade das fintechs dobraram de tamanho em 2019. **Gazeta do Povo**, 9 jan. 2020. Disponível em: <https://www.gazetadopovo.com.br/gazz-conecta/pesquisa-aponta-que-metade-das-fintechs-dobraram-de-tamanho-em-2019/>. Acesso em: 17 out. 2022.

BID – Banco Interamericano de Desenvolvimento. **Relatório Fintech – América Latina 2018**: crescimento e consolidação. 2018. Disponível em: <https://publications.iadb.org/publications/portuguese/document/Fintech-Ame%CC%81rica-Latina-2018-Crescimento-e-consolidacao.pdf>. Acesso em: 17 out. 2022.

BLANK, S. **Eureka! A New Era for Scientists and Engineers**. 2 Aug. 2011. Disponível em: <http://blogs.berkeley.edu/2011/08/02/eureka-a-new-era-for-scientists-and-engineers/>. Acesso em: 17 out. 2022.

BLANK, S.; DORF, B. **Startup**: manual do empreendedor – o guia passo a passo para construir uma grande companhia. Rio de Janeiro: Alta Books, 2014.

BRASIL. Câmara dos Deputados. Projeto de Lei n. 6.625/2013. Brasília, DF, 23 out. 2013. Disponível em: <https://www.camara.leg.br/proposicoesWeb/fichadetramitacao?idProposicao=598004&fichaAmigavel=nao>. Acesso em: 17 out. 2022.

BRASIL. Constituição (1988). **Diário Oficial da União**, Brasília, DF, 5 out. 1988. Disponível em: <http://www.planalto.gov.br/ccivil_03/constituicao/constituicao.htm>. Acesso em: 17 out. 2022.

BRASIL. Decreto-Lei n. 1.598, de 26 de dezembro de 1977. **Diário Oficial da União**, Poder Executivo, Brasília, 27 dez. 1977. Disponível em: <http://www.planalto.gov.br/ccivil_03/decreto-lei/del1598compilado.htm.. Acesso em: 17 out. 2022.

BRASIL. Decreto-Lei n. 5.452, de 1º de maio de 1943. **Diário Oficial da União**, Poder Legislativo, Brasília, DF, 9 ago. 1943. Disponível em: <http://www.planalto.gov.br/ccivil_03/decreto-lei/del5452.htm>. Acesso em: 17 out. 2022.

BRASIL. Lei Complementar n. 123, de 14 de dezembro de 2006. **Diário Oficial da União**, Poder Legislativo, Brasília, DF, 15 dez. 2006. Disponível em: <http://www.planalto.gov.br/ccivil_03/leis/lcp/lcp123.htm>. Acesso em: 17 out. 2022.

BRASIL. Lei Complementar n. 167, de 24 de abril de 2019. **Diário Oficial da União**, Poder Legislativo, Brasília, DF, 25 abr. 2019a. Disponível em: <http://www.planalto.gov.br/ccivil_03/leis/lcp/lcp167.htm>. Acesso em: 17 out. 2022.

BRASIL. Lei Complementar n. 182, de 1º de junho de 2021. **Diário Oficial da União**, Poder Legislativo, Brasília, DF, 2 jun. 2021. Disponível em: <http://www.planalto.gov.br/ccivil_03/leis/lcp/Lcp182.htm>. Acesso em: 17 out. 2022.

BRASIL. Lei n. 5.172, de 25 de outubro de 1966. **Diário Oficial da União**, Poder Legislativo, Brasília, DF, 27 out. 1966. Disponível em: <http://www.planalto.gov.br/ccivil_03/leis/l5172compilado.htm>. Acesso em: 17 out. 2022.

BRASIL. Lei n. 8.078, de 11 de setembro de 1990. **Diário Oficial da União**, Poder Legislativo, Brasília, DF, 12 set. 1990. Disponível em: <http://www.planalto.gov.br/ccivil_03/leis/l8078compilado.htm>. Acesso em: 17 out. 2022.

BRASIL. Lei n. 9.279, de 14 de maio de 1996. **Diário Oficial da União**, Poder Legislativo, Brasília, DF, 15 maio 1996. Disponível em: <http://www.planalto.gov.br/ccivil_03/leis/l9279.htm>. Acesso em: 17 out. 2022.

BRASIL. Lei n. 10.406, de 10 de janeiro de 2002. **Diário Oficial da União**, Poder Legislativo, Brasília, DF, 11 jan. 2002. Disponível em: <http://www.planalto.gov.br/ccivil_03/leis/2002/l10406compilada.htm>. Acesso em: 17 out. 2022.

BRASIL. Lei n. 12.965, de 23 de abril de 2014. **Diário Oficial da União**, Poder Legislativo, Brasília, DF, 24 abr. 2014. Disponível em: <http://www.planalto.gov.br/ccivil_03/_ato2011-2014/2014/lei/l12965.htm>. Acesso em: 17 out. 2022.

BRASIL. Lei n. 13.640, de 26 de março de 2018. **Diário Oficial da União**, Poder Legislativo, Brasília, DF, 27 mar. 2018a. Disponível em: <http://www.planalto.gov.br/ccivil_03/_ato2015-2018/2018/lei/l13640.htm>. Acesso em: 17 out. 2022.

BRASIL. Lei n. 13.709, de 14 de agosto de 2018. **Diário Oficial da União**, Poder Legislativo, Brasília, DF, 15 ago. 2018b. Disponível em: <http://www.planalto.gov.br/ccivil_03/_ato2015-2018/2018/lei/l13709.htm>. Acesso em: 17 out. 2022.

BRASIL. Lei n. 13.874, de 20 de setembro de 2019. **Diário Oficial da União**, Poder Legislativo, Brasília, DF, 15 ago. 2019b. Disponível em: <http://www.planalto.gov.br/ccivil_03/_ato2019-2022/2019/lei/L13874.htm>. Acesso em: 17 out. 2022.

BRASIL. Ministério da Fazenda. Banco Central do Brasil. Resolução n. 4.656, de 26 de abril de 2018. **Diário Oficial da União**, 30 abr. 2018c. Disponível em: <https://www.in.gov.br/materia/-/asset_publisher/Kujrw0TZC2Mb/content/id/12378952/do1-2018-04-30-resolucao-n-4-656-de-26-de-abril-de-2018-12378948>. Acesso em: 17 out. 2022.

BRASIL. Ministério da Fazenda. Comissão de Valores Mobiliários. Portaria n. 105, de 7 de junho de 2016. **Diário Oficial da União**, 9 jun. 2016. Disponível em: <http://conteudo.cvm.gov.br/decisoes/anexos/2016/20160607/PORTARIA-105.pdf>. Acesso em: 17 out. 2022.

BUAINAIN, A. M.; CARVALHO, S. M. P. de. Propriedade intelectual em um mundo globalizado. **Parcerias Estratégicas**, v. 5, n. 9, p. 145-153, out. 2000. Disponível em: <http://seer.cgee.org.br/index.php/parcerias_estrategicas/article/view/114>. Acesso em: 17 out. 2022.

BURIN, F. O. **EdTechs**: panorama de startups de educação no Brasil e suas inserções na educação básica. Dissertação (Mestrado em Educação) – Pontifícia Universidade Católica do Rio Grande do Sul, Porto Alegre, 2021. Disponível em: <http://tede2.pucrs.br/tede2/handle/tede/9568>. Acesso em: 17 out. 2022.

CARVALHO, I. T. de. PARCHEN, C. E. **Empresa simples de inovação**: uma análise do novo regime jurídico para startups. 2021. Disponível em: <https://repositorio.animaeducacao.com.br/handle/ANIMA/13730>. Acesso em: 17 out. 2022.

CASTELLS, M. **A galáxia internet**: reflexões sobre a internet, os negócios e a sociedade. Tradução de Maria Luiza X. de A. Borges. Rio de Janeiro: Zahar, 2003.

CASTRO, E. L.; LAGE, L. M. e C. A influência das startups no direito: importância de repensar a atuação dos profissionais do direito. **Revista Acadêmica Novo Milênio**, v. 1, n. 1, p. 317-326, 2019. Disponível em: <https://drive.google.com/file/d/1d441TXmyTkEMXUKVriuinivk-mZP6EGW/view>. Acesso em: 17 out. 2022.

CHAIB, L. F. **A responsabilidade civil dos fabricantes e fornecedores de produtos farmacêuticos**. 2005. Disponível em: <https://jus.com.br/artigos/6207/a-responsabilidade-civil-dos-fabricantes-e-fornecedores-de-produtos-farmaceuticos/>. Acesso em: 17 out. 2022.

COELHO, F. U. **Curso de direito civil**: parte geral. 4. ed. São Paulo: Saraiva, 2010. v. 1.

COELHO, F. U. **Manual de direito comercial**: direito de empresa. 21. ed. São Paulo: Saraiva, 2009.

COHEN, S. G.; HOCHBERG, Y. V. Accelerating Startups: the Seed Accelerator Phenomenon. **Social Science Research Network Journal**, Mar. 2014.

CORRÊA, G. T. **Aspectos jurídicos da internet**. 2. ed. São Paulo: Saraiva, 2002.

CORREIA-NETO, J. da S.; DORNELAS, J. S.; VILAR, G. Sites de redes sociais corporativas: entre o pessoal e o profissional. **Revista Eletrônica de Sistemas de Informação**, v. 13, n. 1, p. 1-19, jan./abr. 2014. Disponível em: <http://www.periodicosibepes.org.br/index.php/reinfo/article/view/1556>. Acesso em: 17 out. 2022.

COSTA, M. S. N. da. Marco Legal das Startups: tramitação atual e pontos relevantes. **Migalhas**, 1º abr. 2021. Disponível em: <https://www.migalhas.com.br/depeso/342850/marco-legal-das-startups-tramitacao-atual-e-pontos-relevantes>. Acesso em: 17 out. 2022.

CREPALDI, S. A. **Planejamento tributário**. São Paulo: Saraiva, 2021.

DAMASCENO, H. F. F.; LEITE, M. L. F. Planejamento tributário para startups. **Migalhas**, 2018. Disponível em: <https://www.migalhas.com.br/depeso/287240/planejamento-tributario-para-startups>. Acesso em: 17 out. 2022.

DEL MASSO, F. D.; GODOY, E. do P. Os efeitos da quarta revolução industrial na dinâmica do trabalho jurídico. **Revista Direitos Culturais**, v. 15, n. 37, p. 101-121, set./dez. 2020. Disponível em: <https://san.uri.br/revistas/index.php/direitosculturais/article/download/218/76/543>. Acesso em: 17 out. 2022.

DIANA, D. História da internet. **Toda Matéria**. Disponível em: <https://www.todamateria.com.br/historia-da-internet/>. Acesso em: 17 out. 2022.

DIAS, M. C. Marco Legal das Startups entra em vigor; entenda o que muda para empresas. **Exame**, 1º set. 2021. Disponível em: <https://exame.com/pme/marco-legal-das-startups-o-que-muda/>. Acesso em: 17 out. 2022.

DINIZ, B. **O fenômeno fintech**: tudo sobre o movimento que está transformando o mercado financeiro no Brasil e no mundo. Rio de Janeiro: Alta Books, 2020.

DORNELAS, J.; SPINELLI, S.; ADAMS, R. **Criação de novos negócios**: empreendedorismo para o século 21. 9. ed. Rio de Janeiro: Elsevier, 2014.

EFING, A. C. **Fundamentos do direito das relações de consumo**. 2. ed. Curitiba: Juruá, 2004.

ENDEAVOR BRASIL. **Vale do Silício**: como fazer parte, mesmo não estando lá. 2015. Disponível em: <https://endeavor.org.br/inovacao/vale-do-silicio/>. Acesso em: 17 out. 2022.

ESCOBAR, P. H. **Redesim**: Conheça tudo sobre o que é e como funciona. 2020. Disponível em: <https://blog.egestor.com.br/redesim/>. Acesso em: 17 out. 2022.

FALCÃO, J. P. de A. **Startup law Brasil**: o direito brasileiro rege mas desconhece as startups. 160 f. Dissertação (Mestrado em Direito) – Fundação Getúlio Vargas, Rio de Janeiro, 2017. Tese de Doutorado. Disponível em: <https://bibliotecadigital.fgv.br/dspace/handle/10438/18186>. Acesso em: 17 out. 2022.

FEIGELSON, B. **Você sabe o que é LawTech?** 2021. Disponível em: <https://www.semprocesso.com.br/post/voce-sabe-o-que-e-lawtech>. Acesso em: 17 out. 2022.

FEIGELSON, B.; NYBO, E. F.; FONSECA, V. C. **Direito das startups**. São Paulo: Saraiva Educação, 2018.

FERRAZ JUNIOR, T. S. A economia e o controle do Estado. **O Estado de São Paulo**, p. 50, jun. 1989.

FIGUEIRA, K. K. et al. Startups: estudo do processo de abertura e gerenciamento. **Revista de Administração da Universidade Federal de Santa Maria**, v. 10, p. 56-71, ago. 2017. Disponível em: <https://www.redalyc.org/pdf/2734/273452299005.pdf>. Acesso em: 17 out. 2022.

FINKELSTEIN, M. E. R. Crowdfunding de participação e financeiro. **RDB – Revista de Direito Bancário e do Mercado de Capitais**, v. 21, n. 79, p. 37-52, jan./mar. 2018.

FINKELSTEIN, M. E. R.; FINKELSTEIN, C. Privacidade e lei geral de proteção de dados pessoais. **Revista de Direito Brasileira**, Florianópolis, v. 23, n. 9, p. 284-301, maio/ago. 2019. Disponível em: <https://www.indexlaw.org/index.php/rdb/article/view/5343>. Acesso em: 17 out. 2022.

FIXEL, R. Y. Direito do trabalho e empreendedorismo: reflexão trabalhista diante da iniciativa de empreender. In: TEIXEIRA, T.; LOPES, A. M. **Startups e inovação**: direito no empreendedorismo. 2. ed. Barueri: Manole, 2020.

FORTES, V. B.; BOFF, S. O.; CELLA, J. R. G. O poder da informação na sociedade em rede: uma análise jusfilosófica da violação da privacidade e dos dados pessoais no ciberespaço como prática de violação de direitos humanos. In: ROVER, A. J.; SANTOS, P. M.; MEZZAROBA, O. **Governo eletrônico e inclusão digital**. Florianópolis: Conceito, 2014. p. 155-174.

G1. **Marco Legal das Startups entra em vigor; veja o que muda**. 2021. Disponível em: <https://g1.globo.com/economia/pme/noticia/2021/09/01/marco-legal-das-startups-entra-em-vigor-veja-o-que-muda.ghtml>. Acesso em: 17 out. 2022.

GIUSTI, L. **Brasil já conta com 542 startups de saúde**. Disponível em: <https://home.kpmg/br/pt/home/insights/2020/10/brasil-542-startups-saude.html>. Acesso em: 17 out. 2022.

GONÇALVES, L. R. Propriedade intelectual e segurança jurídica: como proteger os ativos de sua startup. In: MORETTI, E.; OLIVEIRA, L. A. G. (Org.). **Startups**: aspectos jurídicos relevantes. 2. ed. Rio de Janeiro: Lumen Juris, 2019. p. 7-28.

HACKEROTT, N. A. T. (Coord.). **Aspectos jurídicos do e-commerce**. São Paulo: Thomson Reuters Brasil; Revista dos Tribunais, 2021.

INFORCHANNEL. **Conheça as três maiores tendências tecnológicas para setor jurídico no ano de 2020**. 2020. Disponível em: <https://inforchannel.com.br/2020/03/20/conheca-as-tres-maiores-tendencias-tecnologicas-para-setor-juridico-no-ano-de-2020/>. Acesso em: 17 out. 2022.

JÚDICE, L. **7 erros jurídicos que startups cometem e podem pagar caro por isso**. 2021. Disponível em: <https://www.wis.digital/blog/7-erros-juridicos-que-startups-cometem>. Acesso em: 17 out. 2022.

JÚDICE, L.; NYBO, E. F. (Coord.). **Direito das startups**. Curitiba: Juruá, 2016.

JUSTI, A. Taxistas e motoristas da Uber protestam na Câmara de Curitiba. **G1 Paraná**, 27 jun. 2016. Disponível em: <https://g1.globo.com/pr/parana/noticia/2016/06/taxistas-e-motoristas-do-uber-protestam-em-curitiba.html>. Acesso em: 17 out. 2022.

KRIEGER, M. de A, F. Autoria e proteção legal dos softwares à luz da legislação brasileira. Revista Jurídica, v. 14, n. 28, p. 93-123, ago./dez. 2010. Disponível em: <https://proxy.furb.br/ojs/index.php/juridica/article/download/2408/1565>. Acesso em: 17 out. 2022.

LIMA, L. **As etapas para a criação de uma startup e os principais reflexos jurídicos**. 7 maio 2019. Disponível em: <https://www.hermannadv.com.br/blog/interna/as-etapas-para-a-criacao-de-uma-startup-e-os-principais-reflexos-juridicos>. Acesso em: 17 out. 2022.

LÔBO, P. L. N. Responsabilidade por vícios nas relações de consumo. **Revista de Informação Legislativa**, v. 32, n. 128, p. 165-170, out./dez. 1995. Disponível em: <https://www2.senado.leg.br/bdsf/item/id/176369>. Acesso em: 17 out. 2022.

LORENZETTI, R. L. **Tratado de los contratos**. Santa-fé, Argentina: Rubinzal-Culzoni, 2000. Tomo III.

LUCHETE, F. Site de hospedagem responde por cancelamento se viajante não for avisado. **Consultor Jurídico**, 3 maio 2017. Disponível em: <https://www.conjur.com.br/2017-mai-03/site-hospedagem-responde-cancelamento-nao-informado>. Acesso em: 17 out. 2022.

LUZ, E. M. V. D. O desenvolvimento das fintechs e a crescente presença no mercado de meio de pagamentos. **Revista de Direito Bancário e do Mercado de Capitais**, v. 23, n. 87, p. 121-128, jan./mar. 2020.

MACHADO, T.; SANTOS, C. B. dos. Advento das startups como modalidade de negócio: um estudo na Região Metropolitana de Curitiba-PR. **Caderno PAIC**, v. 18, n. 1, p. 231-253, dez. 2017. Disponível em: <https://cadernopaic.fae.emnuvens.com.br/cadernopaic/article/viewFile/267/213>. Acesso em: 17 out. 2022.

MAES, J. O que são as "lawtechs" e como elas vão revolucionar o mundo jurídico. **Gazeta do Povo**, 25 jan. 2020. Disponível em: <https://www.gazetadopovo.com.br/economia/o-que-sao-as-lawtechs-e-como-elas-vao-revolucionar-o-mundo-juridico/>. Acesso em: 17 out. 2022.

MAMEDE, G. **Manual de direito empresarial**. 15. ed. São Paulo: Atlas; Barueri: GEN, 2021.

MARIANO, R.; PRESCOTT, R. **Victor, a IA do STF, reduziu tempo de tarefa de 44 minutos para cinco segundos**. 2019. Disponível em: <https://www.convergenciadigital.com.br/Inovacao/Victor%2C-a-IA-do-STF%2C-reduziu-tempo-de-tarefa-de-44-minutos-para-cinco-segundos-52015.html?UserActiveTemplate=mobile#:~:text=O%20Supremo%20Tribunal%20Federal%20desenvolveu,em%20cinco%20segundos%20pelo%20Victor.>. Acesso em: 17 out. 2022.

MARINI, E. Covid-19 e o isolamento social impulsionam as startups de educação. **Revista Educação**, 23 maio 2020. Disponível em: <https://revistaeducacao.com.br/2020/05/23/edtechs-educacao-covid/>. Acesso em: 17 out. 2022.

MARINS, J. et al. **Código do consumidor comentado**. 2. ed. São Paulo: Revista dos Tribunais, 1995.

MARION, J. C. Classificação de sociedades: conceitos, código civil e classificações. **Gen.Negócios & Gestão**, 2 ago. 2019. Disponível em: <https://gennegociosegestao.com.br/classificacao-de-sociedades/>. Acesso em: 17 out. 2022.

MARQUES, C. L. A nova noção de fornecedor no consumo compartilhado: um estudo sobre as correlações do pluralismo contratual e o acesso ao consumo. **Revista de Direito do Consumidor**, v. 111, ano 26, p. 247-268, maio/jun. 2017. Disponível em: <https://revistadedireitodoconsumidor.emnuvens.com.br/rdc/article/download/1081/946>. Acesso em: 18 out. 2022.

MEUS DICIONÁRIOS. **Significado de startup**. 9 maio 2016. Disponível em: <https://www.meusdicionarios.com.br/startup/>. Acesso em: 17 out. 2022.

MIRAGEM, B. Novo paradigma tecnológico, mercado de consumo digital e o direito do consumidor. **Revista de Direito do Consumidor**, v. 125, ano 28, p. 17-62, set./out. 2019. Disponível em: <https://revistadedireitodoconsumidor.emnuvens.com.br/rdc/article/download/1243/1168/>. Acesso em: 17 out. 2022.

NDM ADVOGADOS. **Por que os termos de uso e a política de privacidade são essenciais para as startups?** 2018. Disponível em: <https://ndmadvogados.jusbrasil.com.br/artigos/517413536/por-que-os-termos-de-uso-e-a-politica-de-privacidade-sao-essenciais-para-as-startups>. Acesso em: 17 out. 2022.

NEGRI, S. M. C. de Á.; KORKMAZ, M. R. D. C. R. A normatividade dos dados sensíveis na Lei Geral de Proteção de Dados: ampliação conceitual e proteção da pessoa humana. **Revista de Direito, Governança e Novas Tecnologias**, v. 5, n. 1, p. 63-85, jan./jun. 2019. Disponível em: <https://indexlaw.org/index.php/revistadgnt/article/view/5479/pdf>. Acesso em: 17 out. 2022.

NUNES, L. A. R. **Comentários do Código de Defesa do Consumidor**: direito material. São Paulo: Saraiva, 2000.

OIOLI, E. F. Por que um "direito para startups"? In: OIOLI, E. F. (Coord.). **Manual de direito para startups**. São Paulo: Revista dos Tribunais, 2019. p. 13-18.

OIOLI, E. F.; RIBEIRO JR., J. A.; LISBOA, H. Financiamento da startup. In: OIOLI, E. F. (Coord.). **Manual de direito para startups**. São Paulo: Revista dos Tribunais, 2019. p. 102-152.

OIOLI, E. F.; SILVA, R. T.; ZILIOTI, M. Fintechs e a regulação do sistema financeiro nacional. In: OIOLI, E. F. (Coord.). **Manual de direito para startups**. 2. ed. São Paulo: Thomson Reuters Brasil, 2020. p. 187-210.

PACHECO. L. Marco Civil da Internet: o que mudou para a sua startup? In. JÚDICE, L.; NYBO, E. F. (Coord.). **Direito das startups**. Curitiba: Juruá, 2016.

PARISER, E. **O filtro invisível**: o que a internet está escondendo de você. Tradução de Diego Alfaro. Rio de Janeiro: Zahar, 2012.

PEREIRA, F.; HARRES, J. Como desenvolver os termos de uso e a política de privacidade para seu site, aplicativo ou projeto. In: JÚDICE, L.; NYBO, E. F. (Coord.). **Direito das startups**. Curitiba: Juruá, 2016.

PIAIA, T. C.; COSTA, B. S.; WILLERS, M. M. Quarta revolução industrial e a proteção do indivíduo na sociedade digital: desafios para o direito. **Revista Paradigma**, Ribeirão Preto, Ano XXIV, v. 28, n. 1, p. 122-140, jan./abr. 2019. Disponível em: <https://revistas.unaerp.br/paradigma/article/download/1444/1287/5244>. Acesso em: 17 out. 2022.

PINHÃO, B. H. A vantagem do Sandbox Regulatório para empreendedores e startups. **Migalhas**, 2021. Disponível em: <https://www.migalhas.com.br/depeso/345767/a-vantagem-do-sandbox-regulatorio-para-empreendedores-e-startups>. Acesso em: 17 out. 2022.

PINHEIRO, P. P. **Proteção de dados pessoais**: comentários à Lei n. 13.709/2018 (LGPD). 2. ed. São Paulo: Saraiva Jur, 2020. E-book.

PINTO, R. de A. **Ao redor do Marco Legal das Startups**. 2021. Disponível em: <https://www.academia.edu/45192705/Ao_redor_do_Marco_Legal_das_Startups_jan2021_>. Acesso em: 17 out. 2022.

PIRES, J. G. Alguns insights em startups: um novo paradigma para a tríplice aliança ciência, tecnologia e inovação. **Revista Eletrônica Gestão & Saúde**, v. 11, n. 1, p. 38-54, jan. 2020. Disponível em: <https://periodicos.unb.br/index.php/rgs/article/view/28626/25181>. Acesso em: 17 out. 2022.

QUINELATO, P. D. A proteção de dados pessoais no âmbito das startups. In: OIOLI, E. F. (Coord.). **Manual de direito para startups**. São Paulo: Revista dos Tribunais, 2019. p. 249-260.

RAMALHO, F. **Normas de compliance**: é preciso proteger aqueles profissionais que denunciam ilícitos fiscais. 2017. Disponível em: <http://ramalhoadvocacia.com.br/author/gerentegeral/>. Acesso em: 17 out. 2022.

RAMOS, L. S. de O. Acordo de sócios. **Jusbrasil**, 2021a. Disponível em: <https://advlaurasoares.jusbrasil.com.br/artigos/1195210897/acordo-de-socios>. Acesso em: 17 out. 2022.

RAMOS, L. S. de O. Tipos societários para startups. **Jusbrasil**, 2021b. Disponível em: <https://advlaurasoares.jusbrasil.com.br/artigos/1193028205/tipos-societarios-para-startups>. Acesso em: 17 out. 2022.

RECEITA FEDERAL. **Simples Nacional**. Disponível em: <http://www8.receita.fazenda.gov.br/SimplesNacional/Documentos/Pagina.aspx?id=3>. Acesso em: 17 out. 2022.

REQUIÃO, R. **Curso de direito comercial**. 28. ed. São Paulo. Saraiva, 2009. v. 1.

RIES, E. **A startup enxuta**: como os empreendedores atuais utilizam a inovação contínua para criar empresas extremamente bem-sucedidas. Rio de Janeiro: LeYa, 2012.

RODRIGUES, A. V. Aspectos societários da constituição da startup. In: OIOLI, E. F. (Coord.). **Manual de direito para startups**. São Paulo: Revista dos Tribunais, 2019. p. 19-48.

SAKKIS, A. 6 fatos sobre startups e propriedade intelectual no Brasil. **Agência de Notícias da Indústria**, 31 jul. 2019. Disponível em: <https://noticias.portaldaindustria.com.br/listas/6-fatos-sobre-startups-e-propriedade-intelectual-no-brasil/>. Acesso em: 17 out. 2022.

SALMAN, J. El A.; FUJITA, J. S. Inovações tecnológicas baseadas na economia colaborativa ou economia compartilhada e a legislação brasileira: o caso uber. **Revista de Direito, Economia e Desenvolvimento Sustentável**, v. 4, n. 1, p. 92-112, jan./jun. 2018. Disponível em: <https://www.indexlaw.org/index.php/revistaddsus/article/view/4243/pdf>. Acesso em: 17 out. 2022.

SCHWAB, K. **A quarta revolução industrial**. Tradução de Daniel Moreira Miranda. São Paulo: Edipro, 2016.

SEBRAE – Serviço Brasileiro de Apoio às Micro e Pequenas Empresas. **O que é uma startup?** 13 jan. 2014. Disponível em: <https://www.sebrae.com.br/sites/PortalSebrae/artigos/o-que-e-uma-startup,6979b2a178c83410VgnVCM1000003b74010aRCRD>. Acesso em: 17 out. 2022.

SETA, L. Vesting e Cliff: Qual a importância para as Startups? **Jusbrasil**, 2018. Disponível em: <https://lucaseta.jusbrasil.com.br/artigos/572362145/vesting-e-cliff-qual-a-importancia-para-as-startups>. Acesso em: 17 out. 2022.

SEVERI, Fabiana Cristina. Introdução à propriedade intelectual. In: PORTO, G. S. (Org.). **Gestão da inovação e empreendedorismo**. Rio de Janeiro: Elsevier, 2013. p. 155-169.

SILVA, C. H. C. da. Inova Simples: o regime especial das startups. **Ribeiro & Albuquerque Advogados**, 30 maio 2021. Disponível em: <https://ribeiroalbuquerque.com.br/inova-simples-o-regime-especial-das-startups/>. Acesso em: 17 out. 2022.

SILVA JR., J. T.; RAMALHO, F. R. X. As dimensões dos impactos sociais da economia do compartilhamento: será a sociedade do futuro mais sustentável e colaborativa? In: ENCONTRO NACIONAL DE PESQUISA EM GESTÃO SOCIAL, 9., 2016, Porto Alegre.

SILVEIRA, B. R.; LACERDA, R. T. de O. Análise bibliométrica da literatura sobre startups e alianças estratégicas. **Sistemas & Gestão**, v. 14, n. 2, p. 197-210, jun. 2019. Disponível em: <https://www.revistasg.uff.br/sg/article/view/1527>. Acesso em: 17 out. 2022.

STARTUPBASE. Disponível em: <https://startupbase.com.br/home/stats>. Acesso em: 4 jan. 2022.

SZTAJN, R. **Teoria jurídica da empresa**: atividade empresária e mercados. 2. ed. São Paulo: Atlas, 2010.

TEIXEIRA, T.; LOPES, A. M. (Coord.). **Startups e inovação**: direito no empreendedorismo. Barueri: Manole, 2017.

TEIXEIRA, T.; LOPES, A. M. (Coord.). **Startups e inovação**: direito no empreendedorismo. 2. ed. Barueri: Manole, 2020.

TOMAZETTE, M. **Curso de direito empresarial**. 9. ed. São Paulo: Saraiva, 2018. v. 1: Teoria geral e direito societário.

VARELLA, C. Em 4 anos, número de startups no país mais que triplica, diz associação. **UOL**, Empreendedorismo, 8 out. 2019. Disponível em: <https://economia.uol.com.br/empreendedorismo/noticias/redacao/2019/10/08/crescimento-numero-startups-pais-unicornios.htm?cmpid=copiaecola>. Acesso em: 17 out. 2022.

VASCONCELOS, B. F. B. de; THOMPSON, F.; MUNIZ, I. Lawtechs e inovações tecnológicas no mercado de advocacia. In: OIOLI, E. F. (Coord.). **Manual de direito para startups**. São Paulo: Revista dos Tribunais, 2019. p. 217-230.

VOLPI NETO, A. **Comércio eletrônico**: direito e segurança. Curitiba: Juruá, 2001.

Sobre a autora

Andreza Cristina Baggio é doutora em Direito Econômico e Socioambiental (2010) pela Pontifícia Universidade Católica do Paraná (PUCPR), mestre em Direito Econômico e Social (2006) pela mesma instituição, especialista em Gestão de Direito Empresarial (2003) pela FAE e em Direito Processual Civil (1999) pelo Instituto Brasileiro de Empreender Jurídico (IBEJ) e bacharel em Direito (1998) pela PUCPR. É professora da Magistratura do Estado do Paraná e de diversas disciplinas da área do direito em várias instituições, como Centro Universitário Curitiba (Unicuritiba), Centro Universitário Internacional Uninter e PUCPR. É associada ao Instituto Brasileiro de Política e Direito do Consumidor (Brasilcon), membro da Associação Brasileira de Direito Processual (ABDpro) e também atua como advogada. Tem como principais áreas de pesquisa: direitos fundamentais, sociedade de consumo e sustentabilidade, direitos dos consumidores, acesso à justiça, processo e jurisdição na sociedade massificada, novo Código de Processo Civil.

Os papéis utilizados neste livro, certificados por instituições ambientais competentes, são recicláveis, provenientes de fontes renováveis e, portanto, um meio responsável e natural de informação e conhecimento.

MISTO
Papel produzido a partir de fontes responsáveis
FSC® C103535

Impressão: Reproset
Janeiro/2023